Erotik in der Literatur wäre ohne Boccaccio (*1313* bis *1374*) undenkbar. Er hat zwar nicht als erster die Lust in die Literatur gebracht - das bewirkten bereits die Dichter der Antike. Aber er hat die Lust in der Literatur durch sein *Dekameron*, dem die zehn erotischen Geschichten dieses Bandes entnommen sind, hoffähig gemacht. Der weltliterarische Rang seines Werks überdeckt jegliche moralisierende Kritik an den hundert Novellen, die der Autor an zehn Tagen von sieben Damen und drei Herren auf einem Landgut nahe Florenz zur Zeit der großen Pest im Jahre *1348* erzählen läßt.

»Wer diese Geschichten lesen will, soll die lassen, die ihm zuwider sind, und die lesen, die ihn freuen«, sagt Boccaccio selbst in seinem Nachwort.

insel taschenbuch 2383

Boccaccio

Erotische Geschichten

Giovanni di Boccaccio Erotische Geschichten

Ausgewählt aus dem *Dekameron*

Übertragen von Albert Wesselski

Insel Verlag

insel taschenbuch 2383
Erste Auflage 1999
Insel Verlag Frankfurt am Main und Leipzig

Hinweise zu dieser Ausgabe am Schluß des Bandes
Vertrieb durch den Suhrkamp Taschenbuch Verlag
Umschlag nach Entwürfen von Willy Fleckhaus
Druck: Wagner GmbH, Nördlingen
Printed in Germany

1 2 3 4 5 6 – 04 03 02 01 00 99

Inhalt

Die Geschichte von dem Klostergärtner

Hier in unserer Gegend war und ist noch ein Nonnenkloster, wohlberufen durch seine Frömmigkeit – nennen werde ich es nicht, um nicht seinen Ruf irgendwie zu schmälern –, dessen hübschen Garten vor gar nicht langer Zeit, als dort nicht mehr als acht Nonnen und ihre Äbtissin, lauter junge Frauen, waren, ein biederer Mann bestellte; da der aber mit seinem Lohne nicht zufrieden war, so rechnete er mit ihrem Verwalter ab und kehrte nach Lamporecchio zurück, wo er daheim war. Unter denen, die ihn freundlich bewillkommten, war ein kräftiger, stämmiger Bauernbursche, der für einen vom Lande wohlgebaut war, Masetto mit Namen, und der fragte ihn, wo er so lange gewesen sei. Der Biedermann, der Nuto hieß, sagte es ihm, und Masetto fragte ihn, worin sein Dienst im Kloster bestanden habe. Und Nuto antwortete ihm: »Ich arbeitete in ihrem hübschen, großen Garten, ging dann und wann um Holz in den Busch, schöpfte Wasser und verrichtete noch andere solcher kleinen Dienste; aber die Nonnen gaben mir so wenig Lohn, daß ich kaum die Schuhe bezahlen konnte. Dazu sind sie allesamt jung, und ich glaube, sie haben den Teufel im Leibe, weil man ihnen nichts recht machen kann; wenn ich zuzeiten im Garten arbeitete, sagte die eine: ›Setz das daher‹, und die andere: ›Setz das dorthin‹, und die dritte nahm mir die Hacke aus der Hand und sagte: ›Das ist nicht gut so‹, und auf diese Art ärgerten sie mich dann so lange, bis ich die Arbeit stehn ließ und aus dem Garten ging. So habe ich denn, wegen des einen sowohl als auch wegen des andern, nicht länger bleiben wollen und bin hierher gekommen. Ihr Verwalter hat mich ja wohl bei meinem Weggehn gebeten, wenn mir einer unterkomme, der dazu tauge, ihn ihm zu schikken, und ich habe es ihm auch versprochen; aber da kann er lange warten, daß ich ihm einen besorge oder schicke!« Als Masetto die Erzählung Nutos hörte, überkam ihn eine so große Lust, bei den Nonnen zu sein, daß er fast vergehn wollte; denn aus Nutos Erzählung glaubte er schließen zu dürfen, daß ihm das, wonach ihn gelüstete, glücken könnte. Weil er aber fürchtete, er verderbe es sich, wenn er Nuto etwas davon sage, sagte er zu ihm: »Das war wohlgetan von dir, daß du hergekom-

men bist! Wie sollte denn ein Mann mit Frauenzimmern auskommen? Leichter käme man noch mit Teufeln aus; von sieben Malen wissen sie ja sechsmal nicht, was sie selber wollen.« Nachdem jedoch ihr Gespräch zu Ende war, begann er nachzudenken, wie er's anfangen sollte, um bei ihnen sein zu können; zwar wußte er, daß er alle

Dienstleistungen, die Nuto genannt hatte, trefflich verstand, so daß ihm nicht bange war, deshalb abgewiesen zu werden, aber er besorgte, daß er seiner großen Jugend und seines hübschen Aussehns halber nicht werde aufgenommen werden. Darum folgerte er nach vielem Hinundhersinnen also: das Kloster ist weit entfernt von hier, und niemand kennt mich dort; wenn ich mich stumm stelle, so werde ich sicherlich aufgenommen. Indem er bei dieser Folgerung stehn blieb, ging er mit einem Beile auf der Schulter, ohne jemand zu sagen, wohin er gehe, in ärmlicher Kleidung zum Kloster: dort angelangt, trat er ein, und von ungefähr traf er den Verwalter im Hofe; dem deutete er mit Gebärden, wie sie die Stummen machen, er möge ihm um Gottes willen zu essen geben, wofür er ihm, wenn es nötig sei, Holz spalten werde. Der Verwalter gab ihm bereitwillig zu essen und stellte ihn dann vor ein paar Blöcke, mit denen Nuto nicht hatte zurechtkommen können; Masetto aber, der ein baumstarker Mensch war, hatte sie im Nu klein gemacht. Nun nahm ihn der Verwalter mit in den Busch, wo er zu tun hatte, und ließ ihn dort Holz schlagen; dann stellte er den Esel vor ihn und gab ihm durch Zeichen zu verstehn, er solle das Holz nach Hause bringen. Das verrichtete der Stumme sehr gut, und so behielt ihn der Verwalter zu einigen Arbeiten, die zu tun waren, mehrere Tage bei sich. Auf diese Art geschah es, daß ihn eines Tages die Äbtissin sah und den Verwalter fragte, wer er sei. Und der sagte zu ihr: »Madonna, das ist ein armer Taubstummer, der dieser Tage um ein Almosen gekommen ist; ich habe es ihm gegeben und habe ihn dann viele Sachen verrichten lassen, die nötig gewesen sind. Wenn er sich darauf verstünde, im Garten zu arbeiten, und hierbleiben wollte, so glaube ich, daß wir an ihm einen trefflichen Knecht hätten, den wir ja brauchten; denn er ist stark, und man könnte mit ihm anfangen, was man wollte, und brauchte außerdem nicht zu fürchten, daß er mit Euern Fräulein schäkerte.« Und die Äbtissin sagte zu ihm: »Gottstreu, du hast recht: sieh zu, ob er die Gartenarbeit versteht, und trachte ihn dazubehalten; gib ihm etwa ein Paar Schuhe und einen alten Mantel, tu ihm recht schön und geh ihm um den

Bart und gib ihm gut zu essen.« Der Verwalter sagte, er werde es tun. Masetto, der nicht weit davon war, hörte das alles, obwohl er sich stellte, als hätte er nur darauf acht, den Hof zu kehren, und sagte sich voller Freude: ›Wenn ihr mich nur dazu anstellt, so will ich euch den Garten so bearbeiten, wie er noch nie bearbeitet worden ist.‹ Als nun der Verwalter gesehn hatte, daß er trefflich zu arbeiten verstand, fragte er ihn durch Zeichen, ob er bleiben wolle, und Masetto antwortete durch Zeichen, er wolle tun, was man wollen werde, so daß ihn der Verwalter aufnahm und ihm die Gartenarbeit übertrug und ihm seine Obliegenheiten zeigte; hierauf ging er den andern Klostergeschäften nach und kümmerte sich nicht mehr um ihn. Da also Masetto einen Tag um den andern im Garten arbeitete, begannen ihn die Nonnen zu necken und zum besten zu haben, wie es die Leute oft den Stummen tun, und sagten ihm in dem Glauben, er verstehe sie nicht, die unflätigsten Worte, die es nur gibt; und die Äbtissin, die vielleicht glaubte, ihm mangle etwas andres geradeso wie die Sprache, scherte sich darum wenig oder gar nicht. Eines Tages aber geschah es, daß sich ihm, der sich nach harter Arbeit ein wenig hingelegt hatte, zwei Klosterfräulein, die im Garten umhergingen, näherten und ihn zu betrachten anfingen, während er sich schlafend stellte. Darum sagte die eine, die etwas keck war, zu der andern: »Wenn ich wüßte, daß ich dir vertrauen kann, so würde ich dir etwas sagen, was mir oft schon in den Sinn gekommen ist und was vielleicht auch dir frommen könnte.« Die andere antwortete: »Sag es nur dreist; ich werde es wahrhaftig keiner Seele jemals sagen.« Nun begann die Kecke: »Ich weiß nicht, ob du schon darüber nachgedacht hast, wie streng wir hier gehalten werden und daß sich kein Mann sonst da herein getraut, außer unserm Verwalter, der ein Greis ist, und diesem Stummen; und zu mehrern Malen habe ich die Frauen, die zu uns gekommen sind, sagen hören, daß alle Wonnen der Welt ein Plunder sind gegen die, die das Weib in dem Umgange mit dem Manne genießt. Darum habe ich es mir schon öfter vorgenommen, es mit diesem Stummen, da ich doch keinen andern haben kann, zu versuchen, ob dem so ist. Und dazu taugt er am allerbesten, weil er es, auch wenn er wollte, nicht wiedersagen könnte; du siehst, er ist ein dummer Bengel, der länger gewachsen ist als sein Verstand: und nun möchte ich gerne hören, was dich darüber bedünkt.« – »O weh«, sagte die andere, »was sagst du da? Weißt du nicht, daß wir unsere Jungfräulichkeit dem Herrgott gelobt haben?« – »Ach was«, sagte die erste, »wieviel wird ihm nicht alle Tage gelobt, ohne daß ihm etwas gehalten würde; haben wir sie ihm gelobt, so wird sich schon eine oder die andere finden, von der er sie erhält.« Und ihre Gesellin sagte zu ihr: »Und wenn wir schwanger würden, was sollte dann werden?« Aber die erste sagte: »Du denkst ans Unglück, bevor es da ist: geschieht es wirklich, dann heißt es denken; und da werden sich hundert Mittel finden, daß niemand etwas davon erfährt, wenn wir's nicht selber sagen.« Die andere war nun schon lüsterner als die Anstifterin, zu versuchen, was für ein Tier der Mann sei, und so sagte sie: »Also gut; wie machen wir's denn?« Und sie bekam zur Antwort: »Du siehst, es geht gegen die dritte Nachmittagsstunde, und die Schwestern, glaube ich, schlafen alle außer uns; sehn wir nach, ob jemand im Garten ist, und ist niemand hier, was brauchen wir weiter zu tun, als ihn bei der Hand zu nehmen und in die Hütte da zu führen, wo man bei Regen untersteht? Die eine bleibt dann drinnen bei ihm, und die andere hält Wache; er ist so dumm, daß er sich in alles fügen wird, was wir wollen.« Masetto, der das ganze Gespräch gehört hatte und entschlossen war, zu gehorchen, wartete auf nichts sonst, als daß ihn eine von ihnen nehmen werde. Und als sie überall Umschau gehalten und sich überzeugt hatten, daß sie von keiner Seite gesehn werden konnten, trat die, die das Gespräch angefangen hatte, auf ihn zu und weckte ihn, und er sprang augenblicklich auf. Sie nahm ihn unter Liebkosungen bei der Hand und führte ihn, der einfältig lachte, in die Hütte; dort tat er denn, ohne sich lange einladen zu lassen, alles, was sie wollte. Nachdem sie ihren Willen gehabt hatte, machte sie als treue Gesellin der andern Platz, und Masetto, der weiter den Tölpel spielte, tat, was sie wünschten. Darum entschlossen sie sich, bevor sie weggingen, den Versuch, wie der

Stumme reiten könne, zu wiederholen; und indem sie dann öfter darüber sprachen, gestanden sie einander, die Wonne sei wirklich so groß, ja noch größer gewesen, als sie gehört hätten, weshalb sie denn auch fortan zu günstiger Zeit die Gelegenheit wahrnahmen und den Stummen oft zu ihrer Lust besuchten. Eines Tages aber geschah es, daß ihnen dabei eine ihrer Gesellinnen vom Zellenfenster aus zusah und sie zwei andern zeigte. Zuerst sprachen sich die drei miteinander dahin aus, daß sie sie bei der Äbtissin verklagen müßten: dann aber änderten sie ihren Rat und einigten sich mit ihnen und wurden Teilhaberinnen an Masettos Gütchen. Und durch verschiedene Umstände wurden auch die übrigen drei Schwestern zu der Gesellschaft gebracht. Schließlich fand die Äbtissin, die von diesen Dingen noch nichts gemerkt hatte, eines Tages, als sie bei großer Hitze ganz allein im Garten umherging, den armen Masetto, dem die geringe Tagesarbeit wegen der allzu häufigen nächtlichen Ritte hart ankam, im Schatten eines Mandelbaumes langausgestreckt schlafen, und der Wind hatte ihm das Hemd zurückgeschlagen, so daß er völlig entblößt war. Bei diesem Anblicke wurde die Dame, die sich allein sah, von derselben Begierde befallen, die ihre Nonnen befallen hatte, und sie weckte Masetto und nahm ihn mit sich in ihr Gemach. Und dort behielt sie ihn zum größten Leidwesen der Nonnen, die sich darüber beklagten, daß er nicht zur Gartenarbeit komme, etliche Tage lang, um die Wonnen, derenthalben sie vorher jede verdammt hatte, zu kosten und wieder zu kosten, bis sie ihn endlich in seine Kammer entließ. Da sie ihn aber immer wieder in Anspruch nahm und mehr von ihm wollte, als auf ihren Teil gekommen wäre, sah Masetto, dem es unmöglich war, so viele zu befriedigen, endlich ein, daß ihm aus seinem Stummsein, wenn er dabei bliebe, ein allzu großer Schaden erwachsen könnte. Als er daher eines Nachts bei der Äbtissin war, löste er das Band seiner Zunge und begann also: »Ich habe mir sagen lassen, Madonna, daß ein Hahn gar wohl zehn Hennen genügt, daß es aber zehn Männer nur schlecht oder mühselig vermögen, ein Weib zu ersättigen; und ich soll ihrer neune bedienen! Das kann ich um nichts in der Welt länger mehr aushalten; ich bin ja auch durch das, was ich bisher geleistet habe, so weit heruntergekommen, daß ich nunmehr weder wenig noch viel leisten kann. Und darum laßt mich entweder in Gottes Namen ziehen oder trefft in dieser Sache ein Abkommen.« Da die Äbtissin den Menschen, den sie für stumm gehalten hatte, sprechen hörte, war sie ganz verdutzt und sagte: »Was ist das? Ich habe geglaubt, du seiest stumm.« – »Madonna«, sagte Masetto, »ich war es auch, aber nicht von Geburt, sondern von einer Krankheit, die mir die Sprache genommen hat; und erst heute nacht fühle ich, daß sie mir wiedergegeben ist, und dafür lobe ich Gott von ganzem Herzen.« Die Dame glaubte ihm und fragte ihn, was das heißen solle, daß er neun zu bedienen habe. Masetto erzählte ihr den ganzen Handel. Als das die Äbtissin hörte, ward sie inne, daß sie keine Nonne hatte, die nicht viel klüger gewesen wäre als sie; ohne darum Masetto ziehen zu lassen, entschloß sie sich als verständige Dame, mit ihren Nonnen ein Abkommen zu treffen, damit nicht das Kloster durch ihn in einen schlimmen Leumund komme. Und da in diesen Tagen ihr Verwalter gestorben war, einigten sie sich, nachdem sie einander alles, was unter ihnen vorgegangen war, entdeckt hatten, im Einverständnis mit Masetto dahin, den Leuten in der Umgebung weiszumachen, daß ihm nach langer Stummheit durch ihre Gebete und wegen der Verdienste des Heiligen, dem das Kloster geweiht war, die Sprache wiedergegeben worden sei, und machten ihn zu ihrem Verwalter; und seine Pflichten verteilten sie auf eine Weise, daß er sie ertragen konnte. Obwohl er auf diese Art manches Mönchlein erzeugte, ging doch die Sache so gut vonstatten, daß davon nicht früher etwas ruchbar wurde als nach dem Tode der Äbtissin; um diese Zeit war er schon dem Alter nahe und verlangte danach, mit seinem Reichtum heimzukehren, und dieser Wunsch wurde ihm auch willig gewährt. So kam denn Masetto nach einer klug angewandten Jugend in seinem Alter als reicher Mann und Vater, ohne sich damit geplagt zu haben, die Kinder zu nähren und Geld für sie auszugeben, in die Heimat zurück, die er mit einem Beile auf der

Schulter verlassen hatte, und er sagte jedem, der es hören wollte, so verfahre Christus mit denen, die ihm Hörner aufsetzten.

Die Geschichte von Peronella und dem Faß

Ein armer Mann in Neapel hatte – es ist noch nicht lange her – ein hübsches, muntres Mädchen, Peronella geheißen, zur Frau genommen; und nun fristeten sie ihr Leben so gut, wie es möglich war, mit den paar Groschen, die er in seinem Handwerke als Maurer und sie durch Spinnen verdiente. Da geschah es eines Tages, daß ein junger Stutzer Peronella sah und sich, weil sie ihm wohlgefiel, in sie verliebte; darum umwarb er sie auf allerhand Arten so lange, bis sie mit ihm einverstanden war. Und um zusammenkommen zu können, verabredeten sie, er solle, weil ihr Gatte alle Morgen, um zur Arbeit zu gehn oder Arbeit zu suchen, früh aufstand, so zur Stelle sein, daß er ihn weggehn sehe, und nach seinem Weggehn, da die Straße, wo das Ehepaar wohnte und die Avorio hieß, sehr einsam war, zu ihr ins Haus kommen; und so taten sie zu often Malen. Mit der Zeit geschah es aber eines Morgens, daß Giannello Strignario – so hieß der junge Mann –, der nach dem Weggehn des guten Mannes ins Haus gekommen war, noch bei Peronella weilte, als der Mann, der sonst den ganzen Tag nicht heimzukommen pflegte, zurückkehrte; da er die Tür verriegelt fand, so klopfte er, und nach dem Klopfen begann er bei sich zu sagen: ›Gepriesen seist du immerdar, o Herr; wenn es auch dein Wille war, daß ich arm sei, so hast du mir wenigstens den Trost einer guten und ehrbaren Frau gegeben. Sieh nur, wie rasch sie, kaum daß ich weggegangen bin, die Tür verriegelt hat, um jedem, der sie belästigen könnte, den Eintritt zu verwehren.‹ Als Peronella ihren Mann hörte, den sie an seinem Klopfen erkannte, sagte sie: »O weh, Giannello, ich bin verloren! Da ist mein Mann, daß ihn Gott schände, zurückgekommen, und ich weiß nicht, was das bedeuten soll, weil er noch nie zu dieser Stunde zurückgekommen ist; vielleicht hat er dich hereingehn sehn. Aber sei es was immer, steige um Gottes willen in das Faß da, und ich gehe ihm öffnen, und wir werden sehn, was das zu bedeuten hat, daß er heute so bald wieder heimgekommen ist.« Hurtig stieg Giannello ins Faß, und Peronella ging zur Tür und öffnete ihrem Manne; und sie sagte mit bösem Gesichte: »Was sind denn das für neue Sachen, daß du heute so bald heimkommst? Das sieht mir gerade so

aus, als ob du heute feiern wolltest, weil du dein Werkzeug nach Hause bringst; wenn du es so treibst, wovon werden wir denn leben? Woher sollen wir Brot nehmen? Glaubst du, ich würde es zugeben, daß du mein Jäckchen versetzt und meine andern Lumpen? Wo ich Tag und Nacht nichts andres tue als spinnen, daß sich mir das Fleisch von den

Nägeln löst, nur damit wir wenigstens so viel Öl haben, wie in unserer Lampe verbrennt! Mann, Mann, es ist keine einzige Nachbarin, die sich nicht voll Staunen darüber lustig machte, was und wie ich mich placke; und du kommst mir mit schlenkernden Armen nach Hause, wo du doch bei der Arbeit sein solltest!« Und nach diesen Worten begann sie zu weinen, fing aber gleich wieder an: »O weh, o weh, ich Ärmste, ich Unglückliche, in was für einer übeln Stunde bin ich geboren, wie weit ist's mit mir gekommen! Hätte ich doch einen so wackern jungen Mann haben können und habe ihn nicht wollen, um an den da zu geraten, der nicht bedenkt, wen er heimgeführt hat! Die andern machen sich gute Tage mit ihren Liebhabern, und da gibt's keine, die nicht ihrer zwei oder drei hätte, und sie lassen sich's wohl sein mit ihnen, und ihren Männern zeigen sie den Mond für die Sonne; und ich, ich Elende, weil ich gut bin und nichts wissen will von derlei Dingen, ich habe nichts als Unglück und Trübsal. Merke dir's, Mann, wenn ich schlecht sein wollte, ich fände leicht einen, und es sind genug feine Herren da, die mich lieben und es gut mit mir meinen, sie haben mir Geld geboten und fragten, ob ich Kleider oder Schmuck haben will, aber ich habe es nie übers Herz bringen können, weil ich nicht die Tochter von so einer bin: und du kommst mir nach Hause, wenn du bei der Arbeit sein solltest!« Der Mann sagte: »Aber Frau, ereifere dich doch nicht, um Himmels willen: du darfst es mir glauben, ich weiß, was du bist, und erst heute morgen habe ich mich davon überzeugt; es ist ja wahr, daß ich habe arbeiten gehn wollen, aber wie es sich zeigt, weißt du es ebensowenig, wie ich es gewußt habe, daß heute St. Galleon ist, wo nicht gearbeitet wird, und darum bin ich zu dieser Stunde heimgekommen. Aber nichtsdestoweniger habe ich vorgesorgt und etwas ausfindig gemacht, daß wir Brot haben werden für mehr als einen Monat; ich habe nämlich dem Manne da, der, wie du siehst, mit mir hergekommen ist, das Faß verkauft, das uns, wie du weißt, so lange im Wege gestanden hat, und er gibt mir fünf Gilgengulden dafür.« Nun sagte Peronella: »So etwas ist es ja gerade, was mich an dir kränkt! Du bist ein Mann und kommst herum und solltest doch

Bescheid wissen, und dabei hast du ein Faß um fünf Gilgengulden verkauft, das ich, ein Frauenzimmer, das kaum über die Haustür kommt, um sieben verkauft habe, weil ich gesehn habe, wie es uns im Wege stand; und der, der es gekauft hat, ist eben, als du zurückgekommen bist, hineingestiegen, um zu sehn, ob es auch ganz ist.« Als das der Mann hörte, war er mehr als zufrieden und sagte zu dem, der mit ihm um das Faß gekommen war: »Freund, geh mit Gott; du siehst, meine Frau hat es um sieben verkauft, während du mir nicht mehr als fünf geboten hast.« Der Biedermann sagte: »Meinetwegen«, und ging. Und Peronella sagte zu ihrem Manne: »Geh doch hin, weil du einmal da bist, und mach uns den Handel richtig.« Giannello, der die ganze Zeit mit gespitzten Ohren gehorcht hatte, ob er etwas zu fürchten habe oder ob er sich vorsehn müsse, sprang, als er die letzten Worte Peronellas hörte, augenblicklich aus dem Fasse und sagte, als ob er die Heimkunft des Mannes gar nicht bemerkt hätte: »Wo steckst du denn, gute Frau?« Und der Mann, der schon hinging, sagte: »Da bin ich, was willst du?«

Giannello sagte: »Wer bist denn du? Ich will die Frau, mit der ich um das Faß gehandelt habe.« Darauf sagte der andere: »Das könnt Ihr ruhig mit mir tun, ich bin ihr Mann.« Nun sagte Giannello: »Das Faß scheint mir noch ganz, aber Ihr scheint Hefe drinnen gehabt zu haben; denn es ist über und über mit, ich weiß nicht was für einer so trockenen Kruste überkleistert, daß ich sie mit den Nägeln nicht wegkriegen kann, und darum will ich es erst einmal rein sehn, bevor ich es nehme.« Nun sagte Peronella: »Deswegen soll der Handel nicht zurückgehn; mein Mann wird es durchaus reinigen.« Und der Mann sagte: »Jawohl.« Und er legte sein Werkzeug weg, zog das Wams aus, ließ sich ein Licht anzünden und einen Kratzer geben, stieg hinein und machte sich ans Kratzen. Und Peronella beugte sich, als ob sie ihm hätte zusehn wollen, über das Faß, das nicht sehr hoch war, und legte sich so darüber, daß sie einen Arm samt der ganzen Schulter drinnen hatte, und fing dann an: »Da kratz, und da und dort auch«, und: »Schau, da ist noch ein bißchen haften geblieben.« Und während sie in dieser Stellung den Mann anwies und ihn auf manches aufmerksam machte, kam Giannello, der sein Verlangen noch nicht völlig gestillt gehabt hatte, als der Mann heimgekommen war, auf den Gedanken, es so zu stillen, wie er konnte, weil er wohl sah, daß er so nicht konnte, wie er gewollt hätte; und darum trat er an die Frau heran, deren Leib die Öffnung des Fasses völlig zudeckte, und befriedigte sein Jugendverlangen in derselben Weise, wie auf den weiten Steppen die ungezäumten und brünstigen Hengste die parthischen Stuten anspringen, und gelangte in demselben Augenblicke ans Ende, wo das Faß ausgekratzt war: und er trat zurück, und Peronella zog den Kopf aus dem Fasse, und der Mann stieg heraus. Nun sagte Peronella zu Giannello: »Nimm das Licht, Freund, und sieh nach, ob es dir rein genug ist.« Giannello sah hinein und sagte, daß alles in Ordnung sei und daß er zufrieden sei; dann gab er dem Mann sieben Gilgengulden und ließ es sich nach Hause tragen.

Die Geschichte von dem schlauen Stallknecht

Agilulf, König der Langobarden, schlug sein Hoflager, wie seine Vorgänger getan hatten, in Pavia auf, der lombardischen Stadt; zur Gattin hatte er Theudelinde, die Witwe Autharis, der gleicherweise König der Langobarden gewesen war, eine sehr schöne, kluge und gar ehrbare Dame, der aber durch einen Buhlen ein böses Abenteuer widerfahren ist. In der Zeit nämlich, da im Langobardenreich durch die Tapferkeit und die Klugheit König Agilulfs Wohlstand und Ruhe herrschten, geschah es, daß sich ein Stallknecht der Königin, der trotz seiner niedrigen Abkunft einen höhern Sinn trug, als zu seinem niedrigen Dienst gepaßt hätte, und von Gestalt schön und groß wie der König war, maßlos in seine Herrin verliebte. Und weil ihm sein geringer Stand die Erkenntnis, daß seine Liebe aller Vernunft widerstritt, nicht genommen hatte, entdeckte er sie als kluger

Mann keinem Menschen und wagte es nicht einmal, sie der Königin durch Blicke zu verraten. Und obwohl er ohne Hoffnung lebte, jemals ihre Huld zu gewinnen, so rühmte er sich doch vor sich selber, daß er seinen Sinn auf einen so erhabenen Gegenstand gerichtet hatte; und weil er ganz in den Liebesflammen glühte, trachtete er mehr als jeder von seinen Gesellen alles zu tun, was seiner Meinung nach der Königin gefallen konnte. Daraus ergab sich, daß die Königin, wenn sie reiten sollte, viel lieber das Pferd, das er wartete, ritt als irgendein anderes: und wenn das geschah, so rechnete er es sich zur höchsten Gnade an und wich nicht von ihrem Steigbügel, weil er sich schon selig fühlte, wenn er nur ihr Gewand berühren durfte. Wie wir es aber oft geschehen sehn, daß die Liebe um so mehr zunimmt, je mehr sich die Hoffnung vermindert, so geschah es auch diesem armen Stallknecht, so daß es ihm gar schwer wurde, die große Leidenschaft in der Heimlichkeit, die er beobachtete, zu ertragen, ohne von einer Hoffnung gefördert zu werden; und außerstande, sich von dieser Liebe loszureißen, beriet er sich zu often Malen mit sich selber, zu sterben. Und indem er nachdachte, wie er das tun sollte, entschloß er sich endlich, so sterben zu wollen, daß es dadurch offenbar werde, daß er um der Liebe willen sterbe, die er für die Königin gehegt habe und hege; und er nahm sich vor,

es auf die Weise zu tun, daß er dabei sein Glück versuche, ob er sein Verlangen ganz oder zum Teil stillen könne. Er unternahm es aber keineswegs, der Königin etwas zu sagen oder sie seine Liebe durch einen Brief wissen zu machen, weil er wußte, daß es eitel gewesen wäre, ihr etwas zu sagen oder zu schreiben; sondern er wollte den Versuch machen, ob er durch List bei ihr liegen könne. Und dabei konnte es sich um keine andere List handeln, als ein Mittel zu finden, daß er, als ob er der König wäre, der, wie er wußte, nicht immer bei ihr schlief, zu ihr gelangen und in ihr Gemach gehen könne. Um deshalb zu sehen, wie und in welcher Kleidung der König gehe, wenn er zu ihr gehe, verbarg er sich mehrere Male des Nachts in einem großen Saale des königlichen Schlosses, der zwischen dem Gemach des Königs und dem der Königin war; und da sah er eines Nachts, daß der König sein Gemach in einen weiten Mantel gehüllt verließ und in der einen Hand eine brennende Kerze und in der anderen eine Gerte hielt und zum Gemach der Königin ging und, ohne ein Wort zu sagen, ein- oder zweimal mit der Gerte an die Tür klopfte und daß ihm unverzüglich geöffnet und die Kerze aus der Hand genommen wurde. Als er das gesehen und ihn auf ähnliche Weise hatte zurückkommen sehen, gedachte er es ebenso zu machen. Er verschaffte sich also einen ähnlichen Mantel, wie jener war, den er beim König gesehen hatte, und eine Kerze und ein Stäbchen; und nachdem er sich im Bade wohl gewaschen hatte, damit nicht etwa der Geruch des Mistes die Königin anwidere oder ihr die Täuschung verrate, verbarg er sich mit diesen Dingen so wie sonst in dem großen Saal. Und als er merkte, daß alles schlief, und es ihm an der Zeit schien, entweder sein Verlangen zu stillen oder dem ersehnten Tode hochgemut den Weg zu bahnen, schlug er mit Stein und Stahl, die er mitgebracht hatte, Feuer, zündete seine Kerze an, zog den Mantel, in den er sich gehüllt hatte, zusammen, ging zur Tür des Gemaches und klopfte zweimal mit der Gerte. Eine ganz verschlafene Kammerfrau öffnete ihm und nahm ihm das Licht aus der Hand und verbarg es; und so bestieg er, nachdem er die Vorhänge zurückgeschlagen und den Mantel abgelegt hatte, ohne ein Wort zu sagen, das Bett, wo die Königin schlief. Da er des Königs Gewohnheit kannte, daß er, wenn er verdrießlich war, nichts hören wollte, stellte er sich verdrießlich; und so redete weder er noch sie ein Wort, als er sie sehnsüchtig in die Arme schloß und zu mehreren Malen erkannte. Und obwohl ihm der Abschied schwer ankam, so erhob er sich doch aus Furcht, ein allzu langes Verweilen könnte der Grund werden, daß sich ihm die genossene Lust in Trübsal verkehre, und nahm seinen Mantel und das Licht, ging, ohne etwas zu sagen, weg und kehrte so rasch wie nur möglich in sein Bett zurück. Dort konnte er kaum angelangt sein, als der König, der aufgestanden war, ins Gemach der Königin kam, die darüber baß erstaunt war; und als er ins Bett gestiegen war und sie freudig begrüßt hatte, sagte sie, die sich bei seiner Freude ein Herz gefaßt hatte: »Aber, Herr, was ist denn heute nacht los? Eben habt Ihr mich erst verlassen, und obwohl Ihr Euch an mir mehr ergötzt habt als sonst, kehrt Ihr so bald wieder zurück! Nehmt Euch in acht, was Ihr tut.« Als der König diese Worte hörte, war es ihm auch schon klar, daß die Königin durch eine Ähnlichkeit des Benehmens und der Gestalt getäuscht worden war; aber als kluger Mann entschloß er sich sofort, die Königin nichts merken zu lassen von dem, was sie ebensowenig wie sonst jemand gemerkt hatte. Gar mancher Dummkopf hätte das nicht getan, sondern gesagt: ›Ich war ja gar nicht hier; wer ist das, der hier war? Wie ist es denn zugegangen, und was war weiter?‹, und das Ende davon wäre gewesen, daß er dadurch die Dame zu Unrecht gekränkt und ihr überdies einen Anlaß gegeben hätte, auch ein andermal das zu begehren, was sie schon verkostet hatte; und mit dem, was ihm, wenn es verschwiegen blieb, nie zur Schande ausschlagen konnte, hätte er sich, wenn er geredet hätte, eine große Schmach zugezogen. Der König antwortete also, mehr innerlich verstört als im Gesicht oder in den Worten: »Schein ich Euch nicht Manns genug, Frau, wiederzukommen, wenn ich auch erst da war?« Und die Dame antwortete ihm: »O ja, Herr, aber allwege bitte ich Euch, auf Eure Gesundheit achtzuhaben.« Nun sagte der König: »So will ich denn meinetwegen Euerm Rat folgen und für dieses Mal weggehen, ohne Euch weiter zu belästigen.« Und das Herz voll Zorn und Erbitterung wegen dessen, was ihm, wie er sah, geschehen war, nahm er seinen Mantel wieder und verließ das Gemach, und er beabsichtigte, in der Stille zu erkunden, wer der Täter sei, von dem er überzeugt war, er müsse vom Hause sein und habe das Haus, wer immer er sei, noch nicht verlassen können. Nachdem er daher ein Laternchen mit einem kleinen Lichte genommen hatte, begab er sich in einen langen Gang in seinem Schlosse, der über den Pferdeställen war und wo schier seine ganze Dienerschaft in verschiedenen Betten schlief; und weil er meinte, daß sich bei dem, der das, was die Dame gesagt hatte, getan habe, der Anstrengung halber weder Puls noch Herzschlag beruhigt haben könnte, legte er, an dem einen Ende des Ganges beginnend, nach und nach einem jeden die Hand auf die Brust, um zu fühlen, ob sein Herz poche. Alle anderen schliefen fest, nur der, der bei der Königin gewesen war, schlief noch nicht; als er daher den König kommen sah, begann er sich, weil er erriet, was der König suchte, heftig zu fürchten, so daß sein Herzklopfen, das von der Anstrengung herrührte, durch die Angst noch ärger wurde, und er zweifelte nicht im mindesten, der König werde ihn, wenn er das merken werde, unverzüglich töten. Und obwohl ihm mancherlei, was er tun wollte, durch den Kopf ging, faßte er doch, als er den König unbewaffnet sah, den Entschluß, sich schlafend zu stellen und zu warten, was er tun werde. Der König hatte schon viele befühlt, ohne einen gefunden zu haben, den er für den Schuldigen gehalten hätte, bis er endlich zu ihm kam; und als er fühlte, daß sein Herz heftig pochte, sagte er bei sich: ›Der ist's.‹ Da er aber nicht im Sinne hatte, das, was er tun wollte, jemand wissen zu lassen, tat er ihm nichts sonst, als daß er ihm mit einer Schere, die er mitgebracht hatte, die Haare, die damals lang getragen wurden, auf einer Seite zum Teil abschnitt, um ihn an diesem Zeichen am nächsten Morgen zu erkennen; und nachdem das getan war, ging er weg und kehrte in sein Gemach zurück. Der Stallknecht, dem nichts entgangen war, erriet als verschlagener Mensch klärlich, warum er ihn also gezeichnet hatte; darum erhob er sich, ohne sich lang zu besinnen, holte eine von den Scheren, die zufällig der Pferde wegen im Stalle waren, und ging leise zu allen, so viele ihrer in dem Gange schliefen, und schnitt ihnen allen in gleicher Weise die Haare über dem Ohr ab, und nachdem er das, ohne bemerkt worden zu sein, getan hatte, legte er sich wieder schlafen. Kaum war der König am Morgen aufgestanden, so befahl er, daß seine ganze Dienerschaft, noch bevor die Schloßtore geöffnet würden, vor ihm erscheine, und so geschah es. Als sie nun allesamt barhäuptig vor ihm standen, begann er Umschau zu halten, um den zu finden, den er geschoren hatte; da er aber sah, daß der größte Teil von ihnen die Haare auf dieselbe Weise abgeschnitten hatte, sagte er sich voll Verwunderung: ›Ist auch der, den ich suche, niedrigen Standes, so zeigt er doch eine hohe Klugheit.‹ Und weil er sah, daß er den, den er suchte, ohne Aufsehen nicht herausbekommen konnte und weil es nicht seine Absicht war, sich um einer geringfügigen Rache willen eine große Schmach zuzuziehen, beschied er sich damit, ihn mit einem Worte zu ermahnen und ihm zu zeigen, daß er alles wisse; und so sagte er, zu allen gewandt: »Wer es getan hat, soll es nicht mehr tun; und nun geht mit Gott.« Ein anderer hätte sie an den Strick spannen, peinlich befragen und verhören lassen, und indem er das getan hätte, hätte er entdeckt, was jeder verdecken soll; und hätte er ihn wirklich entdeckt und sich an ihm völlig gerächt, so hätte er seine Schmach nicht verringert, sondern um vieles vermehrt und die Ehre seiner Gemahlin befleckt. Die, die diese Rede hörten, verwunderten sich darüber und fragten lange untereinander herum, was der König damit habe sagen wollen: aber es war sonst keiner, der die Rede verstanden hätte, als der eine, den sie anging. Als kluger Mann entdeckte er niemand etwas davon, solange der König lebte, und setzte auch nie mehr sein Leben in einem solchen Handel aufs Spiel.

Die Geschichte von der Buße Bruder Puccios

In der Nähe von San Brancazio war ein guter, reicher Mann, Puccio di Rinieri mit Namen, der seinen Sinn im Laufe der Zeit ganz auf die geistlichen Dinge gestellt hatte, so daß er schließlich in den dritten Orden des heiligen Franziskus eintrat; und indem er, der nun Bruder Puccio genannt wurde, diesem geistlichen Lebenswandel nachhing, besuchte er, weil sein Hauswesen nur aus seiner Frau und einer Magd bestand, so daß er kein Handwerk zu betreiben brauchte, fleißig die Kirche. Und weil er ein Dummkopf und ein grobschrötiger Mensch war, sagte er seine Vaterunser her, ging in die Predigten und hörte Messen und fehlte nie, wenn die Laienbrüder Loblieder sangen, und fastete und geißelte sich, und man erzählte sich, daß er Geißelbruder sei. Seine Gattin, Monna Isabetta mit Namen, eine noch junge Frau von achtundzwanzig bis dreißig Jahren, die, frisch und hübsch und rundlich, wie sie war, einem Franzapfel glich, war wegen der Frömmigkeit ihres Mannes und vielleicht auch wegen seines Alters gar oft länger auf schmale Kost gesetzt, als sie gewünscht hätte; und wenn sie schlafen oder etwa mit ihm Kurzweil treiben wollte, erzählte er ihr Christi Leben oder die Predigten des Bruders Anastasius oder Magdalenas Klage oder sonst derlei Dinge. In dieser Zeit kam von Paris ein Mönch heim, Don Felice genannt, ein Klostergeistlicher von San Brancazio, der schön von Leibe und gar jung war und einen scharfen Geist und ein tiefes Wissen hatte, und dem schloß sich Bruder Puccio eng an. Und weil ihm der Geistliche jeden Zweifel trefflich löste und sich überdies, als er innegeworden war, mit wem er's zu tun hatte, als sonderlich frommer Mann zeigte, begann ihn Bruder Puccio dann und wann in sein Haus mitzunehmen und ihn, wie es sich traf, zum Mittagsmahl oder zum Abendessen einzuladen; und ihrem Mann zuliebe hatte ihm bald auch die Frau ihr Vertrauen geschenkt und ließ es nicht an Aufmerksamkeiten für ihn fehlen. Da also der Mönch seinen Verkehr in Bruder Puccios Hause fortsetzte und die Frau so frisch und rundlich sah, erriet er wohl, woran es ihr vor allem mangelte, und um Bruder Puccio die Mühe abzunehmen, beschloß er, ihr darin, wenn es möglich sein werde, auszuhelfen. Und indem er ihr zuweilen listig einen Blick zuschoß, brachte er's dahin, daß er in ihrem Herzen dasselbe Verlangen entzündete, das in seinem brannte; und als er das gemerkt hatte, nahm er die Gelegenheit wahr und sagte ihr seine Wünsche. Obgleich er sie wohlgeneigt fand, ihn gewähren zu lassen, war es doch unmöglich, ein Mittel dazu zu finden, weil sie sich sonst nirgends auf der Welt mit ihm zusammen zu sein getrauen wollte als in ihrem Hause; und in ihrem Hause war es unmöglich, weil Bruder Puccio niemals verreiste; darüber war denn der Mönch sehr bekümmert. Nach vielem Sinnen verfiel er aber doch auf ein Mittel, mit der Frau in ihrem Hause ohne jeglichen Verdacht sogar bei Anwesenheit Bruder Puccios zusammensein zu können. Und als ihn Bruder Puccio eines Tages besuchen gekommen war, sprach er also zu ihm: »Ich habe schon oft bemerkt,

Bruder Puccio, daß dein ganzes Trachten dahin geht, die ewige Seligkeit zu erlangen; mich dünkt aber, daß du da einen langen Weg gehst, wo es doch einen sehr kurzen gäbe. Freilich wollen es der Papst und die Kirchenfürsten, die ihn kennen und ein-

schlagen, nicht, daß er den Leuten gezeigt werde, denn die Klerisei, die ja zum größten Teil von Almosen lebt, wäre auf der Stelle zugrunde gerichtet, weil ihr die Laien fortan weder Almosen noch sonst etwas zuwenden würden. Da du aber mein Freund bist und mir viel Ehre erzeigt hast, würde ich ihn dir weisen, wenn ich nur glauben könnte, daß du ihn keinem Menschen auf der Welt entdecktest und ihm folgen wolltest.« Voller Begierde begann Bruder Puccio damit, daß er den Mönch inständigst bat, ihm ihn zu zeigen, schwor ihm dann, daß er davon, außer mit seiner Einwilligung, niemals jemand etwas sagen werde, und schloß mit der Beteuerung, er werde ihn sicherlich einschlagen, wenn er nur so sei, daß er ihm folgen könne. »Weil du mir also das versprichst,« sagte der Mönch, »so will ich ihn dir mitteilen. Du mußt wissen, daß nach den heiligen Kirchenvätern jeder, der selig werden will, die folgende Buße tun muß; aber versteh mich nur recht: ich sage nicht, daß du nach der Buße nicht ein ebensolcher Sünder wärest, wie du jetzt bist, wohl aber wird es geschehen, daß die Sünden, die du bis zur Stunde der Buße begangen hast, alle bereinigt und dir der Buße halber vergeben sein werden, die hingegen, die du nachher begehen wirst, werden dir nicht zu deiner Verdammnis angerechnet, sondern mit dem Weihwasser abgewaschen werden, so wie es jetzt bei den läßlichen zutrifft. Vor allem soll also der Mensch, wenn er die Buße beginnt, seine Sünden gewissenhaft beichten, dann muß er fasten und strenge Enthaltsamkeit zu üben beginnen und das vierzig Tage lang fortsetzen, und in dieser Zeit darfst du, von anderen Frauen gar nicht zu reden, aber auch deine eigene nicht anrühren. Weiter mußt du in deinem eigenen Hause einen Ort haben, wo du des Nachts den Himmel sehen kannst, und dorthin mußt du gegen Sonnenuntergang gehen, und dort muß ein breites Brett sein, das so aufgestellt ist, daß du dich, wenn du davorstehst, mit dem Rücken anlehnen und die Arme, die du, wenn du willst, durch Pflöckchen unterstützen magst, wie ein Gekreuzigter ausstrecken kannst, während die Füße auf dem Boden bleiben; und in dieser Weise mußt du, die Augen gen Himmel gerichtet, bis zur Mettenzeit stehen bleiben, ohne dich zu regen. Und wärest du ein gelehrter Mann, so müßtest du dabei gewisse Gebete sprechen, die ich dir geben würde; weil du es aber nicht bist, so wird es deine Aufgabe sein, dreihundert Vaterunser und dreihundert Ave-Maria zu Ehren der Dreifaltigkeit zu sprechen und, den Himmel unverwandt betrachtend, stets deine Gedanken darauf zu richten, daß der Herrgott der Schöpfer des Himmels und der Erde gewesen ist, und dich zu erinnern, was Christus in derselben Stellung wie du am Kreuze gelitten hat. Wenn es dann zur Mette läutet, kannst du, wenn du willst, gehen und dich, ohne dich zu entkleiden, auf dein Bett werfen und schlafen, und am Morgen sollst du in die Kirche gehen und mindestens drei Messen hören und fünfzig Vaterunser und ebenso viele Ave-Maria beten; darauf kannst du lautern Sinnes deine Geschäfte verrichten, wenn du welche zu verrichten hast, und dann zu Mittag essen. Zur Vesper mußt du aber wieder in der Kirche sein und gewisse Gebete sprechen, die ich dir in einer Abschrift geben werde und ohne die alles unnütz wäre; und nach Sonnenuntergang fängst du wieder von vorn an. Und tust du das, so wie ich es getan habe, so hoffe ich, daß du, noch bevor du ans Ende der Buße gekommen bist, von der ewigen Seligkeit wundersame Dinge verspüren sollst, wenn du nämlich alles mit andächtigem Herzen getan hast.« Nun sagte Bruder Puccio: »Das ist nicht allzu schwer, dauert nicht allzu lange und läßt sich ganz leicht machen; darum will ich in Gottes Namen am Sonntag damit anfangen«; und er verließ den Mönch und ging nach Hause und erzählte seiner Frau alles der Reihe nach, was ihm selbstverständlich erlaubt worden war. Die Frau verstand sehr wohl, was der Mönch mit dem regungslosen Stillstehn bis zur Mette sagen wollte; und weil ihr dieses Mittel gar gut zu sein schien, sagte sie, sie sei mit diesen und allen andern guten Werken, die er für sein Seelenheil verrichte, einverstanden und wolle, wenn sie schon sonst nichts tue, wenigstens mit ihm fasten, auf daß ihm Gott in seiner Buße gnädig sei. Da sie also völlig einig waren, begann Bruder Puccio, als der Sonntag gekommen war, seine Buße, und der hochwürdige Herr, der sich mit der Frau verabredet hatte, kam sie an den meisten Abenden zu einer Stunde, wo er nicht gesehn werden konnte, besuchen, aß und trank mit ihr von den guten Sachen, die er mitgebracht hatte, und legte sich mit ihr nieder; um die Mettenzeit stand er auf und machte sich davon, und Bruder Puccio ging zu Bett. Nun war der Ort, den Bruder Puccio für seine Buße gewählt hatte, neben der Kammer, wo seine Frau lag, und nichts war dazwischen als eine ganz dünne Mauer; als daher einmal der Mönch mit der Frau und sie mit ihm allzu eifrig schäkerte, war es Bruder Puccio, als ob die Dielen zitterten, so daß er, der eben das erste Hundert seiner Vaterunser hergesagt hatte, innehielt und, ohne sich zu rühren, die Frau anrief und fragte, was sie mache. Die Frau, die gar schalkhaft war und vielleicht just das Tier von Sankt Benedikt oder eigentlich von San Giovanni Gualberti, der die grauen Mönche gestiftet hat, ritt, antwortete: »Meiner Treu, Mann, ich werfe mich herum, was ich nur kann.« Darauf sagte Bruder Puccio: »Wieso wirfst du dich herum? Was soll denn dies Herumwerfen heißen?« Heiter lachend antwortete sie, die eine wackere Frau war und etwa einen Grund zu lachen hatte: »Wie, Ihr wißt nicht, was das heißen soll? Habe ich Euch doch tausendmal sagen hören: wer abends hungrig schlafen geht, findet keine Ruhe im Bett.« Bruder Puccio glaubte, das Fasten sei schuld daran, daß sie nicht schlafen könne und sich darum im Bette herumwerfe, und so sagte er treuherzig: »Ich habe dir ja gesagt, Frau, du sollst nicht fasten; weil du es aber nun einmal hast tun wollen, so denke nicht daran und sieh zu, daß du einschläfst; du gibst ja dem Bett einen Ruck nach dem andern, daß das ganze Haus zittert.« Nun sagte die Frau: »Kümmert Euch nicht darum; ich weiß recht gut, was ich tue; tut nur Ihr das Eurige, ich werde schon das Meinige tun, so gut ich kann.« Bruder Puccio war ruhig und machte sich wieder an seine Vaterunser; und die Frau und der hochwürdige Herr ließen sich von dieser Nacht an in einem anderen Teil des Hauses ein Bett machen, und dort unterhielten sie sich trefflich, solange Bruder Puccios Buße dauerte, und der Mönch entfernte sich immer erst, wenn die Frau in ihr altes Bett ging, wo sich bald darauf Bruder Puccio nach vollbrachter Buße einfand. Indem sie in dieser Weise alle drei fortfuhren, Bruder Puccio in seiner Buße und die andern zwei in ihrer Lust, sagte die Frau zu often Malen scherzend zum Mönch: »Du läßt Bruder Puccio Buße tun, und wir sind's, denen das Paradies zuteil geworden ist.« Und weil sie sich dabei gar wohl befand, gewöhnte sie sich so an die Kost, die ihr der Mönch reichte, daß sie, die von ihrem Manne lange schmal gehalten worden war, auch als dessen Buße zu Ende war, Mittel und Wege fand, sich mit jenem anderswo zu sättigen; und da sie vorsichtig zu Werke ging, war ihr Vergnügen von langer Dauer. So ist es denn, damit sich nicht die Schlußworte von denen des Eingangs unterscheiden, dazu gekommen, daß Bruder Puccio, der mit seiner Buße ins Paradies zu kommen gedachte, sowohl den Mönch, der ihm den nächsten Weg dorthin gezeigt hatte, als auch seine Frau hineinbrachte, die er gar sehr an dem darben ließ, womit sie der hochwürdige Herr als barmherziger Mann reichlich versorgte.

Die Geschichte von der gefangenen Nachtigall

Es ist also noch nicht lange her, daß in der Romagna ein wackerer, biederer Ritter war, Messer Lizio da Valbona mit Namen, dem seine Gattin, Madonna Giacomina geheißen, als er schon in ziemlich hohen Jahren war, eine Tochter gebar. Die wuchs zu dem schönsten und anmutigsten Mädchen der ganzen Gegend heran; und weil sie das einzige Kind blieb, wurde sie von ihren Eltern, die sie in eine vornehme Familie zu verheiraten hofften, zärtlich geliebt und mit ungewöhnlicher Sorgfalt gehütet. Nun ging im Hause Messer Lizios ein hübscher, frischer Jüngling aus und ein, einer von den Manardi aus Brettinoro, Ricciardo geheißen, und blieb auch oft lange bei ihm; und vor dem nahmen sich Messer Lizio und seine Frau nicht mehr in acht, als sie bei einem Sohne getan hätten. Als er das wunderschöne, liebreizende Mädchen, das nun schon mannbar war, ein und das andere Mal gesehn und ihr gefälliges und artiges Benehmen betrachtet hatte, verliebte er sich glühend in sie, hielt aber seine Liebe gar sorgfältig verborgen. Trotzdem merkte es das Mädchen, nahm jedoch keineswegs Anstoß daran, sondern begann ihn in gleicher Weise zu lieben; darüber war Ricciardo ganz glücklich. Nachdem er oft schon seinen Wunsch, ihr ein paar Worte zu sagen, unschlüssig unterdrückt hatte, nahm er eines Tages endlich die Gelegenheit wahr, faßte sich ein Herz und sagte zu ihr: »Caterina, ich bitte dich, laß mich nicht vor Liebe sterben.« Sogleich antwortete das Mädchen: »Wollte Gott, du ließest mich nicht noch elender sterben.« Aus dieser Antwort schöpfte Ricciardo viel Freude und Zuversicht, und er sagte: »Von mir aus soll es an nichts fehlen, was dir lieb ist; aber an dir ist es, einen Weg ausfindig zu machen, wie sowohl dein Leben als auch meines zu retten ist.« Nun sagte das Mädchen: »Ricciardo, du siehst, wie ich bewacht werde, und darum kann ich keine Möglichkeit sehn, wie du zu mir kommen könntest; wenn aber du etwas weißt, was ich ohne Schande für mich tun kann, so sage es mir, und ich werde es tun.« Augenblicklich sagte Ricciardo, der schon dieserhalb mancherlei überdacht hatte: »Meine süße Caterina, ich kann keinen Weg dazu sehn, außer du schliefest auf dem Erker, der auf den Garten deines Vaters hinausgeht, oder könntest dort-

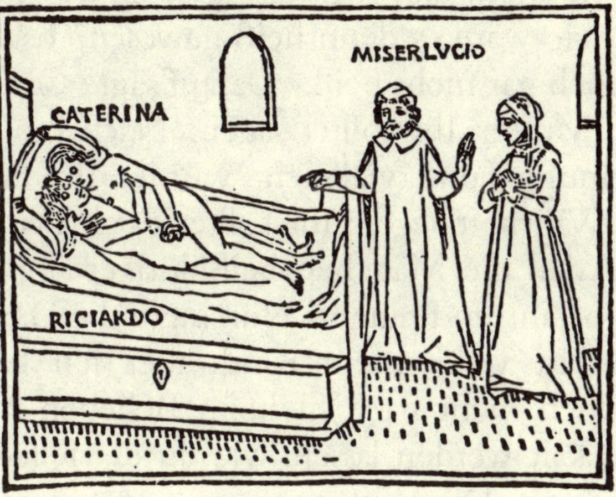

hin kommen; wüßte ich, daß du in der Nacht dort bist, so würde ich ohne Fehl hinaufzukommen trachten, obwohl es sehr hoch ist.« Darauf antwortete Caterina: »Getraust du dich hinaufzukommen, so glaube ich, daß es mir gelingt, dort schlafen zu dürfen.« Ricciardo sagte, er getraue es sich. Und nach diesem Gespräche küßten sie sich flüchtig ein einziges Mal und gingen auseinander. Da es schon gegen das Ende des Mai ging, begann das junge Mädchen damit, daß sie sich am nächsten Tage bei der Mutter beklagte, sie habe in der vergangenen Nacht der übermäßigen Hitze wegen nicht schlafen können. Die Mutter sagte: »Aber Tochter, wie wäre es denn heiß gewesen? Es war ja noch gar nicht heiß.« Darauf sagte Caterina: »Mutter, Ihr solltet sagen: ›Nach meiner Meinung‹, und vielleicht würdet Ihr dann die Wahrheit sagen; Ihr solltet doch bedenken, daß die Mädchen heißblütiger sind als die bejahrten Frauen.« Nun sagte die Dame: »Das ist wahr, mein Kind; aber ich kann es doch nicht nach meinem Belieben heiß und kalt werden lassen, wie du es vielleicht möchtest. Die Witterung muß man leiden, wie sie die Jahreszeit mit sich bringt; vielleicht ist es heute nacht frischer, so daß du besser schlafen wirst.« – »Gott gebe es«, sagte Caterina; »aber es geschieht nicht gerade häufig, daß die Nächte frischer werden, wann es gegen den Sommer geht.« – »Also«, sagte die Dame, »was willst du denn, daß geschehn soll?« Caterina antwortete: »Wenn es dem Vater und Euch recht wäre, ließe ich mir gern auf dem Erker, der neben seiner Kammer über seinem Garten ist, ein Bettchen machen und schliefe dort; da hörte ich die Nachtigall singen und hätte es viel frischer, so daß ich mich dort viel wohler fühlen würde als in Euerer Kammer.« Nun sagte die Mutter: »Sei nur ruhig, Kind; ich werde es dem Vater sagen, und wie er will, so werden wir tun.« Als das Messer Lizio von seiner Frau hörte, sagte er, weil er ein Greis und vielleicht deswegen ein bißchen eigensinnig war: »Was ist das für eine Nachtigall, die sie zum Schlafen braucht? Ich werde sie noch beim Gesange der Zikaden einschlafen lehren.« Nachdem das Caterina erfahren hatte, schlief sie in der nächsten Nacht mehr aus Ärger als der Hitze wegen nicht nur selbst nicht, sondern ließ auch die Mutter nicht schlafen, indem sie fortwährend über die große Hitze klagte. Nach dieser Erfahrung ging die Mutter am Morgen zu Messer Lizio und sagte zu ihm: »Herr, Ihr habt das Mädchen wenig lieb; was würde es Euch denn ausmachen, wenn sie auf dem Erker schliefe? Sie hat sich die ganze Nacht vor

Hitze herumgewälzt, und überdies wundert Ihr Euch denn, daß sie eine Freude daran findet, die Nachtigall singen zu hören, wo sie doch ein halbes Kind ist? Die Kinder lieben eben Dinge, die ihnen gleichen.« Daraufhin sagte Messer Lizio: »Meinetwegen denn, sie soll sich dort ein Bett machen lassen, wie es dort Platz hat, und sie soll einen Vorhang herumspannen lassen, und dann mag sie dort schlafen und dem Gesange der Nachtigall nach Herzenslust zuhören.« Kaum hatte das das Mädchen vernommen, so ließ sie sich dort ein Bett machen; und weil sie schon in der kommenden Nacht dort schlafen durfte, so paßte sie Ricciardo ab und gab ihm das zwischen ihnen verabredete Zeichen, woraus er entnahm, was er zu tun hatte. Als Messer Lizio das Mädchen im Bette wußte, schloß er die Tür, die aus seiner Kammer auf den Erker führte, und ging ebenso schlafen. Nachdem alles still geworden war, stieg Ricciardo mit Hilfe einer Leiter auf eine Mauer und schob sich von dort, an der Verzahnung einer andern Mauer hangend, trotz der schweren Gefahr, worein ihn ein Fall gebracht hätte, mit großer Mühe bis zu dem

Erker; das Mädchen empfing ihn ganz still, aber mit großem Entzücken: und nach vielen Küssen legten sie sich miteinander nieder und gewährten einander die ganze Nacht Lust und Wonnen, indem sie die Nachtigall zu often Malen schlagen ließen. Und da die Nächte damals kurz waren und ihre Lust groß war und sie daher nicht glaubten, daß der Tag so nahe sei, wie er wirklich war, so schliefen sie endlich, sowohl der Jahreszeit halber, als auch von ihrem Kosen erhitzt, ohne irgendwie bedeckt zu sein, ein, und Caterina hatte den rechten Arm um Ricciardos Hals geschlungen, während sie mit der linken Hand das Ding gefaßt hatte, das ihr euch, sonderlich vor Männern, zu nennen scheut. In dieser Weise schliefen sie noch, ohne wach zu werden, als der Tag kam und Messer Lizio aufstand; da sich der erinnerte, daß die Tochter auf dem Erker schlafe, öffnete er leise die Tür, indem er sagte: »Sehen wir mal, wie die Nachtigall heute nacht Caterina hat schlafen lassen.« Er trat hinaus und hob sachte den Vorhang, der um das Bett gespannt war, und nun sah er sie und Ricciardo, nackt und unbedeckt schlafen und so umschlungen, wie vorhin geschildert worden ist; nachdem er sich vergewissert hatte, daß es Ricciardo war, verließ er den Erker und ging in das Gemach seiner Frau, weckte sie und sagte zu ihr: »Hurtig, Frau, steh auf und komm schauen, wie begierig deine Tochter nach der Nachtigall gewesen ist, daß sie sie gefangen hat und in der Hand hält.« Die Frau sagte: »Wie könnte das möglich sein?« Messer Lizio sagte: »Du wirst es sehen, wenn du schnell kommst.« Hastig kleidete sich die Dame an und folgte leise Messer Lizio, und als sie beide zu dem Bette gekommen waren und den Vorhang gehoben hatten, konnte Madonna Giacomina deutlich sehn, wie ihre Tochter die Nachtigall, deren Gesang zu hören sie also ersehnt hatte, gefangen hatte und in der Hand hielt. Darum wollte die Dame, die sich von Ricciardo hintergangen glaubte, schreien und ihm schmähliche Dinge sagen; aber Messer Lizio sagte zu ihr: »Wenn dir etwas an meiner Liebe liegt, so hüte dich, Frau, ein Wort zu sprechen; da sie den Vogel einmal gefangen hat, so soll er ihr auch bleiben. Ricciardo ist ein Edelmann und ein reicher Jüngling, und eine Verschwägerung mit ihm kann uns nur vorteilhaft sein; will er in gutem von mir wegkommen, so wird er sich vor allem mit ihr vermählen müssen: so wird er dann finden, daß er die Nachtigall in seinen Bauer und nicht in einen fremden gesteckt hat.« Da die Dame sah, daß ihr Mann über das Geschehene gar nicht aufgebracht war, und berücksichtigte, daß ihre Tochter eine gute Nacht gehabt und gut geruht und die Nachtigall gefangen hatte, beruhigte sie sich und schwieg. Nach diesem Gespräche brauchten sie nicht lange zu warten, so erwachte Ricciardo; als er sah, daß es hellichter Tag war, hielt er sich für verloren, und er weckte Caterina und sagte: »O weh, meine Seele, was sollen wir machen? Der Tag ist gekommen, und ich bin noch immer da.« Bei diesen Worten Ricciardos trat Messer Lizio hin, hob den Vorhang und sagte: »Wir werden es schon machen.« Beim Anblicke des Vaters glaubte Ricciardo, das Herz werde ihm aus dem Leibe gerissen; er setzte sich im Bette auf und sagte: »Herr, ich bitte Euch um Gottes willen, habt Erbarmen mit mir. Ich bekenne, daß ich als ein treuloser und schlechter Mensch den Tod verdient habe, und darum macht mit mir, was Ihr wollt; trotzdem aber bitte ich Euch, schenkt mir das Leben, wenn es möglich ist, und bringt mich nicht um.« Darauf sagte Messer Lizio: »Ricciardo, du hast weder die Liebe verdient, die ich zu dir getragen habe, noch das Vertrauen, das ich in dich gesetzt habe; weil es aber einmal so ist und dich deine Jugend zu einem so großen Vergehn verleitet hat, so nimm du Caterina, um dir den Tod und mir die Schande zu ersparen, zu deinem ehelichen Weibe, damit sie auf Lebenszeit dein sei, so wie sie es in dieser Nacht gewesen ist: auf diese Art kannst du meine Verzeihung und dein Leben gewinnen; willst du das aber nicht tun, so befiehl deine Seele Gott.« Inzwischen hatte Caterina die Nachtigall ausgelassen und sich wieder zugedeckt und bat nun, heftig weinend, den Vater, er möge Ricciardo vergeben; ihren Ricciardo wieder bat sie, er solle doch tun, was Messer Lizio wolle, damit sie einander noch lange und in aller Ruhe dergleichen Nächte bereiten könnten. Aber dazu brauchte es nicht gar vieler Bitten: zu der Scham über das begangene Vergehn und dem Wunsche, es wiedergutzumachen, kamen bei Ricciardo noch die Angst vor dem Tode und das Verlangen, ihm zu entgehn, und überdies die glühende Liebe und die Lust, das geliebte Wesen zu besitzen, und das alles bewog ihn, daß er unverzüglich freimütig sagte, er sei bereit zu tun, was Messer Lizio beliebe. Darum entlieh Messer Lizio von Madonna Giacomina einen Ring, und mit diesem vermählte sich Ricciardo an Ort und Stelle in ihrer Gegenwart mit Caterina. Nachdem das geschehn war, gingen Messer Lizio und die Dame weg mit den Worten: »Ruht jetzt; das habt Ihr wahrscheinlich nötiger, als aufzustehn.« Als sie weggegangen waren, umarmten sich die jungen Leute von neuem und legten nun, weil sie in der Nacht nicht mehr als sechs Meilen zurückgelegt hatten, vor dem Aufstehn noch zwei zurück, womit sie denn die erste Tagereise zu Ende brachten. Da Ricciardo sofort, nachdem sie aufgestanden waren, mit Messer Lizio eine ausführliche Abrede genommen hatte, vermählte er sich einige Tage später in der herkömmlichen Weise in Gegenwart der Freunde und Verwandten noch einmal mit dem Mädchen und führte sie mit großem Gepränge heim und stellte eine ansehnliche, schöne Hochzeit an; dann ging er mit ihr lange Zeit in Freude und Fröhlichkeit bei Tag und Nacht auf den Nachtigallenfang, soviel ihm beliebte.

Die Geschichte von dem Jüngling unterm Hühnerkorb

In Perugia war, es ist noch gar nicht lange her, ein reicher Mann, Pietro di Vinciolo mit Namen, der, mehr um die Leute zu täuschen und um das Gerede, in dem er bei allen Peruginern stand, verstummen zu machen, als wegen eines Verlangens, das er gehabt hätte, ein Weib nahm; und das Geschick berücksichtigte seine Neigungen in der Weise, daß es ihm ein stämmiges, rothaariges und hitziges Mädchen zur Gattin gab, die lieber zwei Männer als einen hätte haben wollen, während sie an einen geriet, dessen Sinn nach etwas ganz anderm als nach ihren Zärtlichkeiten stand. Als sie das im Laufe der Zeit inneward, war sie anfänglich, weil sie sich hübsch und frisch sah und ihr heißes Blut und ihre Jugendkraft fühlte, sehr unmutig darüber und hatte mit ihrem Manne etliche Male garstige Auseinandersetzungen und schier beständigen Unfrieden. Da sie dann aber sah, daß sie sich dabei viel eher selbst aufreiben als seiner Schlechtigkeit Einhalt tun würde, sagte sie bei sich: ›Der Lump vernachlässigt mich, um in Holzschuhen durchs Trockene zu gehn, und ich werde trachten, daß ich einen anderen im Schifflein durchs Nasse bringe. Ich habe ihn zum Gatten genommen und ihm meine große, hübsche Mitgift zugebracht, weil ich dachte, er als Mann werde nach dem begehrlich sein, wonach die Männer begehrlich sind und sein müssen; und hätte ich nicht geglaubt, daß er ein Mann sei, hätte ich ihn nie genommen. Warum hat er mich denn, wo er gewußt hat, daß ich ein Weib bin, zur Gattin genommen, wenn ihm die Weiber zuwider sind? Das ist unerträglich. Hätte ich der Welt entsagen wollen, so wäre ich ins Kloster gegangen; wenn ich aber warten sollte, bis mir das Vergnügen oder die Lust, um derentwillen ich der Welt nicht habe entsagen wollen und nicht entsagt habe, von ihm käme, so würde ich wohl bei eitel Warten alt werden und würde dann im Alter umsonst voll Reue über meine verlorene Jugend klagen: wie man die genießen muß, dafür ist ja er der beste Lehrmeister, weil er mir zeigt, daß ich mein Vergnügen dort suchen soll, wo er das seinige findet, und dieses Vergnügen wird bei mir lobenswert sein, während es bei ihm überaus schändlich ist. Ich werde nur den Gesetzen zuwiderhandeln, er aber handelt

den Gesetzen und der Natur zuwider.‹ Nachdem die gute Frau derartige Betrachtungen einmal und vielleicht öfter angestellt hatte, befreundete sie sich, um das insgeheim ins Werk zu setzen, mit einem alten Weibe, einer zweiten heiligen Verdiana, die den Schlangen Futter bringt: zu jedem Ablasse ging sie mit dem Rosenkranze in der Hand und sprach von nichts anderem als von dem Leben der Väter oder von den Wundmalen des heiligen Franziskus und galt allgemein als eine Heilige; der entdeckte nun die junge Frau, als es ihr an der Zeit schien, rückhaltlos ihre Absicht. Und die Alte sagte zu ihr: »Weiß Gott, Kind, der doch alle Dinge weiß, daran tust du sehr recht; und wenn du es um nichts sonst tätest, so müßtest du's ebenso wie jede junge Frau schon deswegen tun, um nicht deine Jugend zu verlieren, weil es für den Verständigen keinen Schmerz gibt, der dem über die verlorene Zeit gleichkäme. Und was zum Teufel sind wir denn, wann wir einmal alt sind, noch nütze, als die Asche um die Kohlenpfanne zu hüten? Wenn das irgendeine weiß oder darüber Zeugnis ablegen kann, so bin ich es: jetzt, wo ich alt bin, sehe ich mit schweren, bittern Gewissensbissen, aber umsonst, wie ich die Zeit habe verstreichen lassen; und habe ich sie auch nicht ganz verloren – ich möchte ja nicht, daß du glaubest, ich sei ein dummes Ding gewesen –, so habe ich doch nicht getan, was ich hätte tun können: wenn ich jetzt, wo ich mir, wie du siehst, sagen muß, daß sich keiner fände, der mir Feuer für den Zunder gäbe, an die Vergangenheit zurückdenke, so weiß Gott, wie es mir leid tut. Bei den Männern steht die Sache anders: sie sind zu tausend Dingen geboren und nicht nur zu einem, und die alten sind meist mehr wert als die jungen; aber die Frauen sind zu nichts anderem geboren als zu dem da und wegen der Kinder, und nur um dessentwillen gelten sie etwas. Und ersähest du das aus nichts anderm, so müßtest du's daraus ersehn, daß wir immer dazu bereit sind, die Männer aber nicht, und daß überdies eine Frau eine Menge von Männern erschöpfen kann, während auch eine Menge Männer nicht imstande sind, eine Frau müde zu machen. Von dieser Welt hat jeder so viel, wie er sich nimmt, und das trifft sonderlich bei den Frauen zu, die die Zeit, wann sie da ist, besser nutzen sollen als die Männer; du kannst es ja sehen, wie uns, wann wir einmal alt sind, weder der eigene Mann noch ein anderer ansehen will, sondern wie wir in die Küche gejagt werden, um mit den Katzen zu schwatzen und die Töpfe und Schüsseln zu zählen: und ärger noch, sie singen Sprüchlein auf uns und sagen: ›Den Jungen den Kuß, den Alten den Verdruß‹, und derlei Zeug mehr. Jetzt will ich dich aber nicht länger mit Worten aufhalten, sondern sage dir nur noch so viel, daß du dich niemand auf der Welt mit besserm Nutzen hättest anvertrauen können als mir; denn es ist keiner so geschniegelt, daß ich mich ihm nicht zu sagen getraute, was not tut, und keiner so rauh und unwirsch, daß ich ihn nicht kirre machte und zu allem brächte, was ich will. Mach nur, daß du mir zeigst, wer dir gefällt, und überlaß es mir, zu handeln; um das eine aber bitte ich dich, Kind, bedenke, daß ich ein armes Weib bin, und ich will dich von Stund an an allen Ablässen, die ich gewinne, und an allen Vaterunsern, soviel ich auch bete, teilhaben lassen, damit sie Gott als ebenso viele Kerzen und Lichter für deine verstorbenen Angehörigen gelten lasse.« Und damit schloß sie. Nun beschrieb ihr die junge Frau einen Jüngling, der sehr oft durch ihre Straße ging, und einigte sich mit ihr dahin, daß sie es ihr überließ, die Sache nach ihrem Gutdünken abzumachen; dann gab sie ihr ein Stück Pökelfleisch und entließ sie mit Gott. Schon nach ein paar Tagen brachte ihr die Alte den, den sie bezeichnet hatte, und bald darauf einen andern und mehrere, wie eben die Lust nach ihnen die junge Frau anwandelte; und die ließ sich trotz ihrer Furcht vor ihrem Manne nicht eine einzige Gelegenheit entgehn, die sich ihr in dieser Art bot. Nun geschah es, daß sie, als ihr Mann eines Abends zu einem Freunde, der Ercolano hieß, zum Abendessen gehen sollte, der Alten auftrug, ihr einen Jüngling zu bringen, der einer der hübschesten und anmutigsten von Perugia war, und das tat die alsbald. Kaum hatte sich aber die Frau mit dem Jüngling zu Tische gesetzt, um mit ihm zu essen, als Pietro an der Tür rief, man solle ihm öffnen. Als das die Frau hörte, meinte sie, sie sei des Todes; trotzdem wollte sie den Jüngling, wenn es möglich wäre, verstecken: da sie aber zu verwirrt war, um ihn wegzuschicken oder ihn anderswo zu verstecken, ließ sie ihn in einem Vorraume der Kammer, wo sie aßen, unter einen Hühnerkorb, der dort war, kriechen und warf den Überzug eines Strohbetts, das sie am Tage hatte reinigen lassen, darüber, und dann beeilte sie sich, ihrem Manne zu öffnen. Als der im Hause war, sagte sie zu ihm: »Na, ihr habt ja das Essen rasch verschlungen.« Pietro antwortete: »Wir haben es nicht einmal gekostet.« – »Wie ist denn das zugegangen?« sagte die Frau. Nun sagte Pietro: »Ich will dir's sagen: Wir, Ercolano, seine Frau und ich, waren schon bei Tische, da hörten wir ganz in unserer Nähe niesen. Das erste Mal und das zweite kümmerten wir uns nicht darum; als aber der, der nieste, zum dritten Male und zum vierten und zum fünften und noch viel öfter nieste, waren wir alle baß verwundert. Ercolano, der über seine Frau etwas ärgerlich war, weil sie uns eine lange Weile hatte an der Tür stehn lassen, ohne zu öffnen, schrie, wie rasend: ›Was soll das heißen? Wer ist das, der so niest?‹ Und damit sprang er vom Tische auf, lief zu einer Treppe ganz in der Nähe, unter der bei der ersten Stufe ein Bretterverschlag war, wie sich ihn gemeiniglich die Leute herstellen, die ihr Haus bequem einrichten, damit man, wenn man will, etwas hineinlegen kann. Und weil ihm schien, daß das Niesen da herauskomme, öffnete er das Türchen des Verschlags, und in dem Augenblicke, wo er's öffnete, drang der widerlichste Schwefeldampf heraus. Der Schwefeldampf hatte sich schon vorher bemerkbar gemacht gehabt, aber die Frau hatte uns auf unsere Beschwerden gesagt: ›Das kommt daher, weil ich vorhin meine Schleier mit Schwefel gebleicht und dann die Pfanne, wo der Schwefel zum Räuchern der Schleier ausgestreut gewesen ist, unter die Treppe da gestellt habe, und daher riecht es noch immer.‹ Als sich der Dampf etwas verzogen hatte, blickte Ercolano durch das Türchen hinein, das er geöffnet hatte; da sah er denn den, der geniest hatte und noch immer nieste, weil ihn der Schwefeldampf dazu zwang; und obwohl er noch immer nieste, hatte ihm schon der Schwefel die Brust so beklemmt, daß wenig gefehlt hätte, und es wäre mit dem Niesen und mit allem andern für immer aus gewesen. Nun schrie Ercolano: ›Jetzt verstehe ich, warum wir, als wir gekommen sind, so lange haben vor der Tür warten müssen, ohne daß uns aufgetan worden wäre; aber ich soll keine Freude mehr auf der Welt haben, wenn ich dich nicht dafür bezahle!‹ Als das die Frau hörte und also sah, daß ihr Verbrechen offenkundig war, lief sie, ohne eine Entschuldigung vorzubringen, vom Tische weg und davon, und ich weiß nicht, wohin sie gegangen ist. Ercolano, der es gar nicht merkte, daß seine Frau weggelaufen war, sagte dem, der nieste, zu mehreren Malen, er solle herauskommen; der aber, der schon ohnmächtig war, rührte sich nicht, was immer auch Ercolano sagte. Darum packte ihn Ercolano bei einem Fuße und zog ihn heraus; und schon lief er um ein Messer, um ihn umzubringen. Da mir aber selber vor dem Richter bang war, stand ich auf und ließ es nicht zu, daß er ihn umgebracht oder mißhandelt hätte, sondern verteidigte ihn und schrie so lange, bis daraufhin Nachbarn herbeikamen, und die haben den jungen Mann, der schon halb tot war, aus dem Hause geschafft, wohin weiß ich nicht. So war denn unser Essen gestört, und ich habe es nicht nur nicht verschlungen, sondern es nicht einmal gekostet, wie ich gesagt habe.« Aus dieser Geschichte ersah die Frau, daß auch andere so klug waren wie sie, wenn auch dabei dann und wann einer ein Unglück widerfuhr, und sie hätte das Weib Ercolanos gern in Schutz genommen; weil sie aber dachte, sie könne dadurch, daß sie den fremden Fehler tadelte, dem eigenen einen freiern Weg schaffen, begann sie also: »Na, das sind recht schöne Sachen! Das muß ja eine fromme, wackere Frau sein! Und wie hat sie es verstanden, die Ehrbare zu spielen! Gebeichtet hätte ich bei ihr, so geistlich sah sie mir aus. Dabei ist sie, was noch ärger ist, heute schon alt und gibt den jungen ein solches Beispiel. Vermaledeit sei die Stunde, wo sie zur Welt gekommen ist, und ebenso sie selber, daß sie noch immer lebt, dieses ehrvergessene, treulose Weib, die alle Frauen in der ganzen Stadt entehrt und schändet! Mit Füßen hat sie ihre Ehrbarkeit getreten und die Treue, die sie ihrem Manne geschworen hat, und seine Ehre und hat sich nicht gescheut, einen solchen Mann, einen so ehrenwerten Bürger, der sie so gut behandelt hat, um eines andern willen mit ihrer eignen Schmach zu besudeln. So wahr mir Gott helfe, mit solchen Weibern sollte man kein Mitleid haben: umgebracht müßten sie werden; lebendig müßte man sie ins Feuer werfen und zu Asche verbrennen.« Da sie sich aber wieder ihres Buhlen erinnerte, den sie ganz in der Nähe unter dem Korbe hatte, begann sie Pietro zuzureden, er solle zu Bette gehn, es sei an der Zeit. Pietro, der mehr Lust zu essen gehabt hätte als zu schlafen, fragte sie, ob nichts zum Abendessen da sei. Und die Frau antwortete: »Was soll denn da sein? Als ob wir viel zum Abendessen herrichteten, wenn du nicht da bist! Glaubst du, ich bin Ercolanos Weib? Warum gehst du nicht schlafen? Es ist das Beste, was du tun kannst.« An eben diesem Abende waren einige Bauern Pietros mit verschiedenen Sachen vom Lande hereingekommen und hatten ihre Esel, ohne sie getränkt zu haben, in einem Ställchen neben dem Vorraume untergebracht; nun zog einer von diesen Eseln, der einen mächtigen Durst hatte, den Kopf aus dem Halfter, ging aus dem Stalle und schnupperte auf der Suche nach Wasser überall umher, und so geriet er auch an den Korb, unter dem der Jüngling war. Der hatte, weil er auf allen vieren kauern mußte, die Finger der einen Hand etwas außerhalb des Korbes auf dem Boden; und sein Glück oder sein Unglück, wie wir es nennen wollen, ließ es geschehn, daß ihm der Esel einen Fuß auf die Hand setzte. Wegen des heftigen Schmerzes, den er darob fühlte, stieß er einen lauten Schrei aus; Pietro, der ihn hörte, verwunderte sich baß und merkte, daß der Schrei von einem hergekommen war, der im Hause war. Als er deswegen hinausgegangen war, hörte er ihn noch immer wimmern, weil der Esel den Fuß noch nicht von der Hand weggenommen hatte, sondern sie fest quetschte; darum lief er mit dem Rufe: »Wer ist da?« zu dem Korbe hin und hob ihn auf. Und nun sah er das Bürschchen, das, abgesehen davon, daß ihn die Finger wegen der Quetschung durch den Huf des Esels heftig schmerzten, vor Angst zitterte, daß ihm Pietro etwas zuleide tun werde. Pietro erkannte ihn und sah, daß es einer war, dem er in seinem lasterhaften Triebe schon lange nachgelaufen war; und als er auf seine Frage: »Was machst du da?« nichts sonst zur Antwort bekam, als daß ihn der um Gottes willen bat, ihm nichts zuleide zu tun, sagte er: »Steh auf und habe keine Angst, daß ich dir etwas zuleide täte; aber sage mir, wieso bist du da und warum?« Und das Bürschchen erzählte ihm alles. Nun nahm ihn Pietro, der über diese

Entdeckung nicht weniger erfreut war als seine Frau betrübt, bei der Hand und führte ihn in die Kammer, wo die Frau in der größten Angst von der Welt wartete. Pietro setzte sich ihr gegenüber und sagte: »Eben erst hast du das Weib Ercolanos vermaledeit und hast gesagt, daß sie verbrannt werden müßte und daß sie euch alle entehrt hat; warum hast du denn das nicht von dir selber gesagt? Oder wenn du es von dir nicht hast sagen wollen, wo hast du den Mut hergenommen, es von ihr zu sagen, wo du dir bewußt warst, dasselbe getan zu haben wie sie? Sicherlich hat dich dabei nichts andres geleitet als die Absicht, die euch allen gemein ist, nämlich euere eigenen Vergehn, weil keine um ein Haar besser ist, mit der Schuld der andern zu bemänteln: daß doch Feuer vom Himmel fiele und euch alle miteinander vertilgte, ihr schändliche Brut, die ihr seid!« Da die Frau sah, daß er ihr auf den ersten Anlauf nichts Böses sonst zugefügt hatte, als was in den Worten lag, und da sie zu merken glaubte, daß er vor Wonne zittere, ein so hübsches Bürschchen bei der Hand zu haben, faßte sie sich ein Herz und sagte: »Das glaube ich dir gerne, daß es dir recht wäre, wenn Feuer vom Himmel fiele und uns alle miteinander vertilgte; du hast ja nach uns so viel Verlangen wie der Hund nach den Prügeln. Aber bei Gottes Kreuz, so gut soll's dir nicht werden. Aber ich möchte mit dir ein wenig Abrechnung halten, um zu erfahren, worüber du dich eigentlich beschwerst; und ich werde sicherlich ganz gut dabei fahren, wenn du mich mit dem Weibe Ercolanos vergleichen willst. Das ist eine alte Scheinheilige, eine gleisnerische Betschwester und hat von ihm alles, was ihr Herz begehrt, und er hält sie, wie eine Frau gehalten werden soll; bei mir trifft das nicht zu. Zugegeben, daß ich hübsche Kleider und Schuhe von dir bekomme, so weißt du doch, wie es mit dem andern bestellt ist und wie lange es her ist, daß du nicht mehr bei mir gelegen hast; und ich ginge lieber in Lumpen und barfuß einher, wenn du mich im Bette besser behandeltest, als daß ich alles das habe und so behandelt werde, wie du mich behandelst. Sieh doch nur ein, Pietro, daß ich ein Weib bin wie die andern und daß ich dasselbe Verlangen habe wie die andern; wenn ich mich nun danach umtue, weil ich's von dir nicht bekomme, so kannst du mir das nicht verdenken: ich sehe wenigstens so weit auf deine Ehre, daß ich mich nicht mit Stallknechten und Lumpenkerlen einlasse.« Pietro merkte, daß ihr die Worte auch die ganze Nacht nicht ausgehn würden; darum und weil er sich wenig um sie scherte, sagte er: »Jetzt ist's genug, Weib: darin werde ich dich schon zufriedenstellen; aber es wäre sehr lieb von dir, wenn du sähest, daß wir etwas zu essen bekämen: ich glaube, der Knabe hat ebensowenig zu Abend gegessen wie ich.« – »Freilich nicht«, sagte die Frau, »noch hat er nichts gegessen; denn just, als dich der Teufel hergeführt hat, haben wir uns zu Tische setzen wollen, um zu essen.« – »Also geh«, sagte Pietro, »mach, daß wir essen können, und dann werde ich die Sache schon so einrichten, daß du keinen Grund haben wirst, dich zu beklagen.« Als die Frau sah, daß sich ihr Mann begütigt hatte, stand sie auf, ließ den Tisch rasch wieder decken und das Essen bringen, das sie vorbereitet gehabt hatte, und ließ es sich mit ihrem schändlichen Manne und dem Jüngling fröhlich schmecken. Wie es Pietro nach dem Mahle angestellt hat, daß alle drei befriedigt worden sind, ist mir entfallen. Soviel weiß ich aber, daß sich der Jüngling am nächsten Morgen auf dem Heimwege keinen sichern Bescheid hat geben können, wer sich mehr mit ihm unterhalten hatte, die Frau oder der Mann. Darum sage ich euch, meine verliebten Damen: Was einer dir tut, das tu ihm wieder; und kannst du es nicht, so merke dir es so lange, bis du es kannst, damit es ebenso aus dem Walde halle, wie hineingerufen worden ist.

Die Geschichte von dem eifersüchtigen Kaufmann

Es war einmal in Rimini ein Kaufmann, reich an Grundbesitz und Geld, der auf die schöne Dame, die er zur Frau hatte, über die Maßen eifersüchtig wurde; und dazu hatte er keinen anderen Grund, als daß er, weil er sie sehr liebte und sie für sehr schön hielt und weil er sah, daß sie mit all ihrem Fleiß trachtete, ihm zu gefallen, der Meinung war, ebenso liebe sie jeder andere und alle fänden sie schön und sie trachte ebenso allen zu gefallen wie ihm – eine Schlußfolgerung, wie sie nur ein schlechter und wenig verständiger Mann ziehen konnte. Da er also eifersüchtig geworden war, gab er so Obacht auf sie und hielt sie so streng, daß es vielleicht genug zum Tode verurteilte Missetäter gibt, die von ihren Kerkermeistern nicht mit solcher Obacht verwahrt werden. Abgesehen davon, daß die Dame nie zu einer Hochzeit oder zu einem Fest oder in die Kirche gehen oder irgendwie den Fuß aus dem Hause setzen durfte, getraute sie sich nicht einmal, ans Fenster zu treten oder aus irgendeinem Grund einen Blick auf die Straße zu werfen; darum war ihr Leben gar trübselig, und sie ertrug dieses Ungemach um so ungeduldiger, je weniger schuldig sie sich fühlte. Da sie also sah, daß die Unbill, die ihr Mann ihr antat, ungerecht war, verfiel sie darauf, zu ihrem Trost, wenn nur irgendwie möglich, ein Mittel ausfindig zu machen, damit ihr diese Behandlung nicht mehr zu Unrecht zuteil werde. Und weil sie nicht ans Fenster treten durfte und es also ausgeschlossen war, daß sie etwa einem liebäugelnd Vorübergehenden hätte zu verstehen geben können, sie wäre seiner Liebe zufrieden, so gedachte sie, da sie wußte, daß in dem Haus nebenan ein hübscher, anmutiger Jüngling war, ihr Augenmerk darauf zu richten, ob vielleicht in der Mauer, die die beiden Häuser trennte, irgendeine Öffnung sei, durch die sie dann so oft blicken wollte, bis sie den Jüngling zu einem Zeitpunkt sehen würde, wo sie mit ihm sprechen und ihm ihre Liebe, wenn er die annehmen wollte, zum Geschenk machen könnte, worauf sie sich um ein Mittel umzusehen gedachte, sich mit ihm ein und das andere Mal zusammenzufinden und auf diese Weise über ihr elendes Leben auf so lange hinwegzukommen, bis der Teufel ihrem Mann aus dem Leib gefahren sein werde. Indem sie nun die Mauer, wenn ihr Mann nicht daheim war, bald hier und bald dort betrachtete, sah sie zufällig, daß sie in einem ganz versteckten Winkel durch einen Spalt etwas geöffnet war. Obwohl sie beim Durchsehen nur sehr schlecht unterscheiden konnte, was an der anderen Seite war, erkannte sie doch, daß es eine Kammer war, wohin der Spalt auslief, und sagte bei sich: ›Wenn das die Kammer Filippos wäre‹, nämlich ihres jungen Nachbars, ›so hätte ich halb gewonnen.‹ Und sie ließ es durch eine Magd von ihr, die Mitleid mit ihr hatte, vorsichtig ausspähen und erfuhr, daß dort wirklich der junge Mann ganz allein schlief. Darum besuchte sie den Spalt gar häufig und ließ, wenn sie drüben den Jüngling hörte, Steinchen und Splitter hinüberfallen und tat das so lange, bis der Jüngling endlich einmal herankam, um zu sehen, was das sei; nun rief sie ihn leise an. Und er, der ihre Stimme kannte, antwortete ihr; und da sie nun die Gelegenheit hatte, eröffnete sie ihm in kurzen Worten alles, was sie im Sinne hatte. Wohl zufrieden damit, vergrößerte der Jüngling das Loch von seiner Seite aus, immerhin

nur so, daß es niemand bemerken konnte; und dort plauderten sie zu often Malen und reichten sich die Hände, aber etwas weiteres war wegen der regelrechten Bewachung des Eifersüchtigen nicht möglich. Als nun das Weihnachtsfest herankam, sagte die Dame zu ihrem Mann, wenn es ihm recht sei, wolle sie am Morgen des Christtages zur Beichte und

Kommunion in die Kirche gehen, wie es die andern Christen täten. Aber der Eifersüchtige sagte zu ihr: »Was für Sünden hast du denn begangen, daß du beichten willst?« Die Dame sagte: »Wie, glaubst du, ich sei eine Heilige, weil du mich eingeschlossen hältst? Du weißt es doch wohl, daß ich Sünden habe so wie alle anderen, die auf Erden leben; aber dir will ich sie nicht sagen, weil du kein Priester bist.« Aus diesen Worten schöpfte der Eifersüchtige Argwohn und verfiel darauf, wissen zu wollen, was das für Sünden seien, und erdachte auch ein Mittel, das wirklich durchzusetzen; darum antwortete er ihr, er sei es zufrieden, wolle aber nicht, daß sie in eine andere Kirche gehe als in ihre Kapelle, und dort solle sie am Morgen beizeiten hingehen und entweder ihrem Kaplan oder dem Priester, den ihr der bezeichnen werde, aber ja keinem anderen beichten und auf der Stelle wieder heimkommen. Die Dame deuchte es, sie habe ihn halb und halb verstanden; sie sagte jedoch kein Wort darüber, sondern antwortete, das werde sie tun. Am Morgen des Christtages stand sie mit der Morgenröte auf, kleidete sich an und ging in die Kirche, die ihr ihr Mann angegeben hatte. Der Eifersüchtige wieder stand ebenso auf, ging in dieselbe Kirche und war noch vor ihr dort; da er schon mit dem Priester alles beredet hatte, legte er rasch eine von dessen Kutten mit einer großen, über die Wangen reichenden Kapuze an, wie wir solche bei den Priestern sehen, zog sich die Kapuze ein wenig ins Gesicht und setzte sich in den Chor. Als die Dame in die Kirche gekommen war, ließ sie den Priester rufen. Der kam und sagte ihr, als er von ihr hörte, daß sie beichten wolle, er könne sie nicht anhören, werde ihr aber einen anderen schikken; und er ging weg und schickte den Eifersüchtigen in sein Unglück. Der kam gar würdevoll daher, aber obwohl der Tag noch nicht gar hell war und obwohl er sich die Kapuze über die Augen gezogen hatte, konnte er sich doch nicht so verstellen, daß ihn die Dame nicht augenblicklich erkannt hätte. Und die sagte bei sich, als sie ihn in diesem Aufzug sah: ›Gepriesen sei Gott, daß er aus einem Eifersüchtigen ein Geistlicher geworden ist; aber laß nur, ich werde ihm schon geben, was er suchen geht.‹ Sie ließ sich also nichts anmerken, daß sie ihn erkannt hatte, und setzte sich zu seinen Füßen nieder. Der Herr Eifersüchtige hatte etliche Steinchen in den Mund genommen, die ihm das Reden etwas erschweren sollten, damit er nicht daran von seiner Frau erkannt werde; ansonsten glaubte er so gut vermummt zu sein, daß er es schlechterdings für unmöglich hielt, von ihr erkannt zu werden. Als es nun zur Beichte kam, sagte ihm die Dame, nachdem sie ihm vorerst gesagt hatte, daß sie verheiratet sei, unter anderen Dingen, daß sie in einen Geistlichen verliebt sei, der allnächtlich komme, um bei ihr zu liegen. Als das der Eifersüchtige hörte, war es ihm, als ob ihm ein Messer durchs Herz gefahren wäre; und wenn ihn nicht der Wunsch, noch mehr zu erfahren, zurückgehalten hätte, so hätte er die Beichte Beichte sein lassen und wäre weggelaufen. So aber behielt er seine Fassung und fragte die Dame: »Ja, wieso denn? Liegt denn nicht Euer Mann bei Euch?« Die Dame antwortete: »Freilich, Herr.« »Nun also«, sagte der Eifersüchtige, »wie kann denn dann auch der Geistliche bei Euch liegen?« »Herr«, sagte die Dame,

»ich weiß nicht, was er für einen Zauber anwendet, aber im Hause ist keine Tür so fest verschlossen, daß sie sich nicht öffnete, wenn er sie berührt, und er sagt mir, daß er, wenn er zu der Tür meiner Kammer kommt, noch bevor er sie öffnet, gewisse Worte sagt, durch deren Kraft mein Mann auf der Stelle einschläft, und wenn er merkt, daß er eingeschlafen ist, dann öffnet er die Tür und kommt herein und bleibt bei mir, und das schlägt nie fehl.« Nun sagte der Eifersüchtige: »Madonna, das ist übel getan, und davon müßt Ihr gänzlich abstehn.« Aber die Dame sagte zu ihm: »Ich glaube nicht, Herr, daß ich das je tun könnte; dazu liebe ich ihn zu sehr.« »Also«, sagte der Eifersüchtige, »kann ich Euch nicht lossprechen.« Und die Dame sagte zu ihm: »Das tut mir sehr leid: ich bin ja nicht hergekommen, um Euch Lügen zu sagen; wenn ich es tun zu können glaubte, würde ich es Euch sagen.« Nun sagte der Eifersüchtige: »Wahrlich, Madonna, Ihr dauert mich, weil ich Euch auf diese Weise Eure Seele verderben sehe; aber ich will Euch zuliebe die Mühe auf mich nehmen, meine besonderen Gebete in Euerm Namen an Gott zu richten, und das wird Euch vielleicht helfen: und ich werde Euch dann und wann meinen Meßhelfer schicken, damit Ihr ihm sagt, ob sie Euch geholfen haben oder nicht; und helfen sie Euch, so wollen wir einen Schritt weitergehen.« Aber die Dame sagte zu ihm: »Das tut nicht, Herr, daß Ihr mir jemand ins Haus schickt; denn wenn es mein Mann erführe, so würde er sich, eifersüchtig wie er ist, nicht um die Welt ausreden lassen, daß der mit seinem Kommen keinen anderen als einen schlechten Zweck verfolge, und ich hätte das ganze Jahr keine gute Stunde mit ihm.« Und der Eifersüchtige sagte: »Madonna, deswegen macht Euch keine Sorgen; ich werde es sicherlich derart anstellen, daß Ihr kein Wörtlein von ihm hören sollt.« Nun sagte die Dame: »Wenn Ihr Euch das zutraut, bin ich es zufrieden.« Und nachdem sie ihre Beichte abgelegt und eine Buße erhalten hatte, erhob sie sich und ging die Messe hören. Schnaubend vor Wut über sein Mißgeschick, ging der Eifersüchtige die geistlichen Kleider ablegen und machte sich auf den Heimweg, voll Verlangen, ein Mittel zu finden, wie er den Geistlichen und seine

Frau beisammen finden könnte, um ihnen beiden übel mitzuspielen. Die Dame kam von der Kirche nach Hause und sah es ihrem Mann am Gesicht an, daß sie ihm einen schlimmen Christtag bereitet hatte; er aber trachtete, sich nach Möglichkeit nichts von dem anmerken zu lassen, was er getan hatte und was er zu wissen glaubte. Und da er bei sich beschlossen hatte, sich die nächste Nacht an die Haustür zu stellen und auf den Geistlichen zu warten, sagte er zu der Dame: »Ich muß heute anderswo zu Nacht essen und schlafen, und darum schließe die Haustür gut zu und auch die auf der halben Stiege und die Kammertür und geh zu Bett, wenn es dir an der Zeit scheint.« Die Dame antwortete: »Das soll geschehn.« Und als sie die Gelegenheit dazu hatte, ging sie zu dem Loch und gab das gewohnte Zeichen, und kaum hatte es Filippo gehört, so kam er auch schon hin. Nun sagte ihm die Dame, was sie diesen Morgen getan hatte und was ihr Gatte nach dem Essen gesagt hatte, und dann sagte sie: »Ich bin gewiß, daß er das Haus nicht verlassen, sondern sich bei der Tür auf die Lauer legen wird; und darum sieh zu, daß du heute nacht übers Dach herüberkommst, damit wir beieinander sein können.« Ganz glücklich darüber sagte der junge Mann: »Madonna, laßt mich nur machen.« Als die Nacht gekommen war, verbarg sich der Eifersüchtige leise mit seinen Waffen in einer Kammer zu ebener Erde, und die Dame ließ alle Türen schließen, besonders aber sorgfältig die auf der halben Treppe, damit der Eifersüchtige nicht heraufkommen könne; dann kam der Jüngling gar vorsichtig herüber, und sie gingen zu Bett, um ihre Lust aneinander zu haben und sich's gut geschehen zu lassen, und als es Tag geworden war, kehrte der Jüngling in sein Haus zurück. Der Eifersüchtige aber hatte, bekümmert und ohne Abendessen und vor Kälte halb tot, fast die ganze Nacht mit seinen Waffen an der Tür gewartet, ob der Geistliche kommen werde, und bei Tagesanbruch hatte er sich, außerstande, noch länger wach zu bleiben, in der Kammer zu ebener Erde schlafen gelegt. Gegen die dritte Morgenstunde, wo die Haustür schon offen war, erhob er sich, ging, als ob er von anderswo herkäme, hinauf ins Haus und frühstückte.

Und bald darauf schickte er einen Knaben zu ihr, der den Meßhelfer des Priesters, dem sie gebeichtet hatte, vorstellen sollte, und ließ sie fragen, ob der Bewußte wiedergekommen sei. Die Dame, die den Boten gut erkannte, antwortete, diese Nacht sei er nicht gekommen, und wenn er so tue, so werde sie ihn vergessen können, obwohl es ihr gar nicht lieb wäre, wenn sie ihn vergäße. Viele Nächte lang stand der Eifersüchtige an der Eingangstür, um den Geistlichen zu erwischen, und stets ließ sich die Dame mit ihrem Liebsten gut geschehen. Endlich konnte es aber der Eifersüchtige nicht mehr aushalten und fragte seine Frau mit zornigem Gesicht, was sie dem Geistlichen an dem Morgen, wo sie gebeichtet hatte, gesagt habe. Die Dame antwortete, das wolle sie ihm nicht sagen, weil es nicht ehrbar und nicht ziemlich sei. Und der Eifersüchtige sagte zu ihr: »Du schändliches Weib, dir zum Trotz weiß ich, was du ihm gesagt hast; ich muß es durchaus wissen, wer der Geistliche ist, in den du so verliebt bist und der durch seine Zaubersprüchlein allnächtlich bei dir liegt, oder ich schneide dir den Hals ab.« Die

Frau sagte, es sei nicht wahr, daß sie in einen Geistlichen verliebt sei. »Was?« sagte der Eifersüchtige; »hast du nicht dem Geistlichen, der dir die Beichte gehört hat, das und das gesagt?« Die Dame antwortete: »Das hat er dir ja so haarklein erzählt, daß du es nicht besser wissen könntest, wenn du dabei gewesen wärest; ja denn, ich habe es ihm gesagt.« »Also«, sagte der Eifersüchtige, »so sag mir, wer der Geistliche ist, und das augenblicklich.« Die Dame begann zu lächeln und sagte: »Es tut mir im Herzen wohl, wenn ein gescheiter Mann von einer einfältigen Frau an der Nase herumgeführt wird wie ein Schafbock bei den Hörnern: schade nur, daß du nicht gescheit bist und es von der Stunde an nicht warst, wo du den verdammten Geist der Eifersucht hast in dein Herz dringen lassen, ohne zu wissen warum; denn je törichter und dümmer du bist, desto weniger Ehre habe ich davon. Glaubst du denn, Mann, daß meine leiblichen Augen so blind seien wie deine geistigen? Wahrhaftig, dem ist nicht so; schon beim Ansehn habe ich erkannt, wer der Geistliche war, der mir die Beichte gehört hat, und ich weiß, daß du es gewesen bist; aber ich habe mir vorgenommen gehabt, dir das zu geben, was du suchen gegangen bist, und das habe ich dir gegeben. Wärest du aber so gescheit gewesen, wie du zu sein glaubst, so hättest du es nicht auf diese Weise versucht, die Heimlichkeiten deiner guten Frau zu erfahren, und hättest, ohne einen eitlen Argwohn zu schöpfen, eingesehen, daß das, was sie dir gebeichtet hat, wirklich wahr ist, ohne daß sie irgendwie gesündigt hättc. Ich habe dir gesagt, ich liebte einen Geistlichen; und bist du denn nicht, den ich zu großem Unrecht liebe, damals ein Geistlicher gewesen? Ich habe dir gesagt, daß keine Tür meines Hauses vor ihm verschlossen bleiben könne, wenn er bei mir liegen wolle; und welche Tür wäre dir denn je versperrt gewesen, wenn du zu mir hast kommen wollen? Ich habe dir gesagt, daß der Geistliche allnächtlich bei mir liege; und wann hättest du nicht bei mir gelegen? Und sooft du deinen Meßhelfer zu mir geschickt hast, weißt du, daß ich dir jedesmal, wo du nicht bei mir gewesen bist, habe sagen lassen, der Geistliche sei nicht bei mir gewesen. Wer wäre denn außer dir, der du dich von deiner

Eifersucht verblenden ließest, so übel beraten gewesen, daß er das nicht verstanden hätte? Und du bist zu Hause geblieben, um in der Nacht an der Tür Wache zu halten, und mir glaubtest du weisgemacht zu haben, du seist anderswohin essen und schlafen gegangen. Komme doch wieder zur Besinnung und werde doch wieder der Mann, der du früher gewesen bist, und mach dich nicht zum Gespött für jeden, der dein Wesen so kennt, wie ich es kenne, und gib die feierliche Bewachung auf, die du jetzt durchführst; denn ich schwöre dir bei Gott, wenn mich die Lust anwandelte, dir Hörner aufzusetzen, ich hätte, und hättest du hundert Augen statt deiner zwei, das Herz dazu, meinen Wünschen Genüge zu tun, ohne daß du es merktest.« Der elende Eifersüchtige, der gemeint hatte, er habe die Heimlichkeit seiner Frau recht schlau herausbekommen, sah nun, als er dies hörte, ein, daß er zum Narren gehalten worden war; und ohne etwas zu erwidern, gestand er sich, daß seine Frau gut und klug war. Und so ließ er seine Eifersucht jetzt, wo sie am Platze gewesen wäre, fahren, so wie er sie sich früher, als sie nicht am Platze gewesen war, zugelegt hatte. Da also die kluge Dame nunmehr fast völlige Freiheit hatte, nach ihrem Belieben zu tun, brauchte sie ihren Geliebten nicht mehr übers Dach kommen zu lassen, sondern konnte ihn durch die Tür einlassen, und sie verschaffte sich mit ihm, indem sie vorsichtig zu Werke ging, noch zu often Malen frohe Stunden und ein wonniges Leben.

Die Geschichte von dem überlisteten Probst

Fiesole, die uralte Stadt, war vorzeiten groß und mächtig; ist sie heute auch völlig heruntergekommen, so hat sie doch ihren Bischof jetzt noch so wie damals. Dort besaß, es ist schon lange her, eine verwitwete Dame, Monna Piccarda mit Namen, in der Nachbarschaft des Doms ein Grundstück mit einem nicht übermäßig großen Hause, und weil sie nicht gerade zu den Reichsten gehörte, so brachte sie dort mit ihren beiden Brüdern, wackern und gesitteten Jünglingen, einen großen Teil des Jahres zu. Nun geschah es, daß sich in diese noch sehr junge, hübsche, anmutige Dame, da sie den Dom zu besuchen pflegte, der Domprobst so heftig verliebte, daß er fast nicht mehr wußte, wo ihm der Kopf stand. Und nach einiger Zeit war seine Vermessenheit so groß, daß er ihr seine Wünsche selber sagte und sie bat, sich seine Liebe gefallen zu lassen und ihn so zu lieben, wie er sie liebe. Dieser Probst war an Jahren alt, aber jugendlich im Herzen, dabei anmaßend und stolz und glaubte, sich alles erlauben zu können samt seinem gezierten und faden Benehmen, das so eingebildet und langweilig war, daß ihm niemand wohlwollte; und wenn ihm jemand ein bißchen Wohlwollen entgegenbrachte, so war es sicherlich nicht diese Dame: der war er mehr zuwider als das Kopfweh. Darum antwortete sie ihm als kluge Frau: »Daß Ihr mich liebt, Messer, kann mir sehr angenehm sein, und ich muß Euch lieben und werde Euch gern lieben; aber zwischen Eurer Liebe und der meinen darf nie etwas Unehrbares vorfallen. Ihr seid mein geistlicher Vater und seid Priester und nähert Euch mit raschen Schritten dem Alter, und das alles muß Euch ehrbar und keusch machen; ich wieder bin kein Mädchen, für das sich so ein Liebeshandel schicken würde, sondern eine Witwe, und Ihr wißt, was für ein Maß von Ehrbarkeit von den Witwen verlangt wird: verzeiht mir also, daß ich auf die Art, wie Ihr begehrt, weder Euch lieben werde noch von Euch geliebt sein will.« Der Probst, der für diesmal nichts anderes von ihr erlangen konnte, verlor keineswegs die Fassung oder gab sich auf den ersten Streich besiegt, sondern betrieb in seiner sorglosen Dreistigkeit seine Werbung weiter durch Briefe und Botschaften oder auch selber, wenn er sie in die Kirche kommen sah. Endlich wurde der Dame diese Zudringlichkeit allzu lästig und ärgerlich, und sie beschloß, ihn sich, weil es ihr anders nicht möglich war, auf die Art, wie er es verdiente, vom Halse zu schaffen; doch wollte sie nichts unternehmen, ohne sich vorher mit ihren Brüdern besprochen zu haben. Sie sagte ihnen also, wie sich der Probst gegen sie benehme und was sie beabsichtige; da sie ihr völlig freie Hand ließen, ging sie einige Tage später wieder in die Kirche. Kaum sah sie der Probst, so trat er auch schon auf sie zu, um mit ihr in der gewohnten Art ganz vertraulich ein Gespräch anzufangen. Als sie bemerkte, daß er auf sie zukam, blickte sie ihn mit einem freundlichen Gesicht an und ging ein wenig abseits; nachdem der Probst wie gewöhnlich ein langes und breites auf sie eingeredet hatte, begann sie mit einem tiefen Seufzer: »Messer, gar oft habe ich schon gehört, es sei keine Burg so fest, daß sie nicht, wenn sie tagtäglich bestürmt wird, endlich genommen würde; und das, sehe ich nun, ist bei mir nur zu gut eingetroffen. Ihr habt mir mit süßen Worten und allerlei Liebenswürdigkeiten derart zugesetzt, daß Ihr

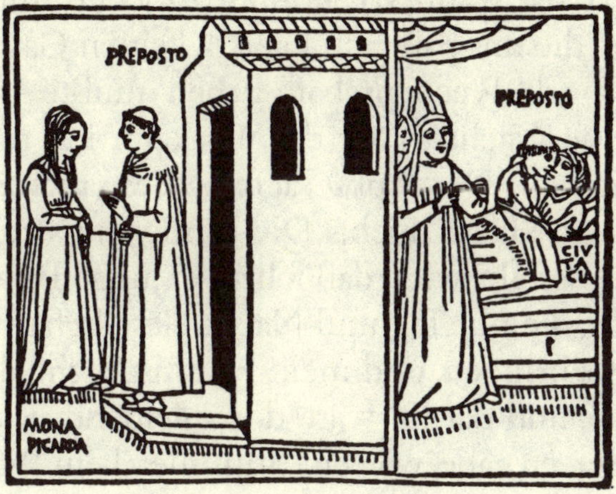

mich dazu gebracht habt, meinen Vorsatz zu brechen, und ich bin, da ich Euch so gefalle, bereit, die Eurige zu sein.« Voller Freude sagte der Probst: »Großen Dank, Madonna; und um Euch die Wahrheit zu sagen, daß Ihr Euch so lange gehalten habt, hat mich baß gewundert, wenn ich bedacht habe, daß mir das noch bei keiner so ergangen ist; habe ich doch schon zu manchen Malen gesagt: wenn die Frauen von Silber wären, sie würden zum Gelde nicht taugen, weil sie den Hammer nicht aushielten. Aber lassen wir das jetzt: wo und wann können wir beisammen sein?« Die Dame antwortete: »Mein süßer Herr, das Wann, das könnte zu jeder Stunde sein, die uns paßt: ich habe ja keinen Gatten, dem ich Rechenschaft geben müßte über meine Nächte; aber das Wo kann ich nicht erfinden.« Der Probst sagte: »Wieso nicht? In Euerm Hause doch.« Die Dame antwortete: »Messer, Ihr wißt, daß ich zwei junge Brüder habe, die mir Tag und Nacht Gesellschaft ins Haus bringen, und mein Haus ist nicht allzu groß; und darum wäre dort niemand sicher, außer er gäbe wie ein Stummer kein Wort, nicht einmal einen Laut von sich und tappte sich im Finstern zurecht wie ein Blinder. Wenn wir das wollten, so ginge es ja, weil sie sich niemals in meine Kammer verirren; aber die ihrige ist so nahe bei meiner, daß sich kein Wörtlein so leise sagen läßt, daß man's nicht dort hörte.« Nun sagte der Probst: »Deswegen, Madonna, soll es nicht um eine Nacht oder zwei aufgeschoben werden; inzwischen sehe ich mich um, wo wir mit mehr Bequemlichkeit beisammen sein können.« Die Dame sagte: »Messer, das steht bei Euch; ich bitte Euch nur um das eine, daß die Sache geheim bleibt und niemand ein Wort davon erfährt.« Nun sagte der Probst: »Madonna, Ihr laßt Euch das nicht kümmern; und wenn es sein kann, so macht, daß wir heute abend beisammen sind.« Die Dame sagte: »Mir ist es recht«; nachdem sie ihm noch Bescheid gesagt hatte, wie und wann er kommen solle, schied sie von ihm und ging nach Hause. Nun hatte sie eine Magd, die zwar nicht allzu jung, aber so häßlich und mißgestaltet war, wie man sich nur denken kann: die Nase war breitgedrückt und der Mund war schief, und die Lippen waren wulstig, und die Zähne waren schlecht gestellt und groß, und sie schielte ein wenig, und ihre Augen waren nie gesund, und sie sah so grün und gelb aus, als ob sie den Sommer nicht in Fiesole, sondern in Sinigaglia verbracht hätte; überdies war sie lendenlahm und auf der rechten Seite ein wenig verkrüppelt, und sie hieß Ciuta: weil sie jedoch ein so abscheuliches Aussehen hatte, wurde sie von jedermann Ciutazza genannt. Obwohl sie aber in ihrem Äußeren mißgestaltet war, verfügte sie doch über einige Schalkhaftigkeit. Die rief die Dame zu sich und sagte zu ihr: »Ciutazza, wenn du mir heute nacht einen Dienst erweisen willst, so schenke ich dir ein schönes neues Hemd.« Als Ciutazza das Hemd erwähnen hörte, sagte sie: »Madonna, wenn Ihr mir ein Hemd gebt, so gehe ich für Euch durchs Feuer, von etwas anderm gar nicht zu reden.« »Also gut«, sagte die Dame, »ich will, daß du heute nacht in meinem Bett bei einem Manne liegst und dich zärtlich gegen ihn zeigst, und nimm dich wohl in acht, ein Wort zu sprechen, damit dich nicht meine Brüder hören, die, wie du weißt, nebenan schlafen; und dann gebe ich dir das Hemd.« Ciutazza sagte: »Mit sechsen schlafe ich, wenn es sein muß, geschweige denn mit einem.« Als der Abend gekommen war, kam der Herr Probst, wie ihm aufgetragen worden war, und die zwei jungen Männer waren, wie es die Dame mit ihnen verabredet hatte, in der Kammer und ließen sich wohl vernehmen; drum trat der Probst leise im

Finstern in die Kammer der Dame und ging, wie sie ihm gesagt hatte, aufs Bett zu, und Ciutazza, die von der Dame wohl unterrichtet war, was sie zu tun habe, kam von der anderen Seite. Der Herr Probst schloß, in dem Glauben, seine Dame neben sich zu haben, Ciutazza in die Arme und küßte sie, ohne ein Wort zu sprechen, und Ciutazza küßte ihn wieder; dann begann er sich an ihr zu ergötzen und ergriff Besitz von den lange ersehnten Herrlichkeiten. Als dies die Dame geschehen wußte, trug sie den Brüdern auf, den Rest ihrer Verabredung ins Werk zu setzen. Die verließen still ihre Kammer und gingen auf den Marktplatz, und das Glück begünstigte ihr Vorhaben mehr, als sie verlangt hätten; denn wegen der großen Hitze hatte der Bischof um die zwei jungen Männer gefragt, in der Absicht, sie zu besuchen und sich mit ihnen bei einem frischen Trunk zu unterhalten. Als er sie nun kommen sah, sagte er ihnen sein Begehren und machte sich mit ihnen auf den Weg, trat in einen kühlen Hof ihres Hauses, wo viele Lichter brannten, und trank mit großem Vergnügen von ihrem guten Wein. Und nachdem er getrunken hatte, sagten die Jünglinge: »Herr, weil Ihr uns einmal eine so große Gnade erwiesen habt, daß Ihr unser kleines Häuschen eines Besuches gewürdigt habt, wozu wir Euch haben einladen wollen, so möchten wir noch, daß es Euch beliebe, eine Kleinigkeit ansehen zu wollen, die wir Euch zeigen wollen.« Der Bischof sagte, das tue er gern. Nun nahm der eine Bruder eine angezündete Fackel und ging voraus, während der Bischof und alle anderen folgten, und führte sie geradewegs zu der Kammer, wo der Probst bei Ciutazza lag. Der war, um rasch anzukommen, einen scharfen Trab geritten und hatte, bevor sie dazukamen, schon mehr als drei Meilen zurückgelegt; nun ruhte er erschöpft aus, den Arm, trotz der Hitze, um Ciutazza geschlungen. Der Jüngling trat mit dem Licht in die Kammer und hinter ihm der Bischof mit allen übrigen, und dem wurde der Probst mit Ciutazza im Arme gezeigt. Dabei erwachte der Herr Probst; als er das Licht und rund um sich die vielen Menschen sah, steckte er vor arger Scham und vor Furcht den Kopf unter die Bettücher. Der Bischof schimpfte ihn tüchtig zusammen und hieß ihn den Kopf herausziehen und sehen, bei wem er gelegen sei. Jetzt ward der Probst inne, daß ihn die Dame betrogen hatte; deshalb sowohl als auch wegen der Schmach, die er sich, wie er fühlte, zugezogen hatte, wurde er im Augenblick zum traurigsten Menschen, der je gelebt hat; nachdem er sich auf den Befehl des Bischofs wieder angekleidet hatte, wurde er mit einer sicheren Bewachung nach Hause geschickt, um für die begangene Sünde eine schwere Buße zu erleiden. Dann wollte der Bischof wissen, wieso er hergekommen sei, um bei Ciutazza zu liegen, und die Jünglinge sagten ihm alles der Reihe nach. Nachdem es der Bischof vernommen hatte, lobte er die Dame und ebenso die jungen Männer, die, ohne sich die Hände mit dem Blute eines Geistlichen beflecken zu wollen, mit ihm doch in der verdienten Weise umgegangen seien. Diese Sünde ließ ihn der Bischof vierzig Tage lang beweinen; aber Liebe und Verdruß ließen ihn sie länger als neunundvierzig beweinen, abgesehen davon, daß er nachher noch eine geraume Zeit nicht auf die Straße gehen konnte, ohne daß die Kinder mit den Fingern auf ihn gezeigt und gesagt hätten: »Schaut, das ist der, der bei Ciutazza gelegen hat.« Das ärgerte ihn so sehr, daß nicht mehr viel fehlte, und er wäre närrisch geworden. Und auf diese Weise hat sich die treffliche Dame den widerwärtigen Probst samt allem Ärger über ihn vom Halse geschafft, und Ciutazza hat das Hemd und die schöne Nacht gewonnen.

Die Geschichte vom genarrten Ehemann

In Argos, der alten Stadt in Achaia, die mehr durch die Könige, die sie in vergangenen Zeiten beherrscht haben, berühmt ist, als daß sie groß wäre, war einmal ein adeliger Mann, Nicostratus mit Namen, dem das Glück, als er schon an der Schwelle des Greisenalters stand, eine vornehme Dame zur Gattin bescherte, die nicht minder herzhaft als schön war und Lydia hieß. Als reicher Edelmann hielt er ein zahlreiches Gesinde und Hunde und Beizvögel und fand ein gar großes Vergnügen an der Jagd; und unter seinen Dienern hatte er einen anmutigen, schmucken und schön gewachsenen Jüngling, der sich zu allem schickte, was er tun sollte, und der hieß Pyrrhus, und kein anderer Diener genoß von Nicostratus so viel Liebe und Vertrauen wie er. In diesen Pyrrhus verliebte sich Lydia so heftig, daß sie weder bei Tag noch bei Nacht an etwas anderes denken konnte: er aber schien sich, sei es, daß er nichts bemerkt hatte, oder weil er nichts bemerken wollte, nicht darum zu kümmern, worüber denn die Dame ein unerträgliches Herzeleid fühlte; weil sie aber durchaus entschlossen war, ihn das wissen zu lassen, rief sie eine ihrer Kammerfrauen, Lusca mit Namen, der sie besonders vertraute, und sprach also zu ihr: »Die Wohltaten, Lusca, die du von mir empfangen hast, verbinden dich zu Gehorsam und Treue, und darum hüte dich, von dem, was ich dir jetzt sagen werde, vor irgend jemand sonst etwas verlauten zu lassen als vor dem, den ich dir angeben werde. Wie du siehst, Lusca, bin ich eine junge, frische Frau und habe alles, was eine Frau nur begehren kann, in Hülle und Fülle; kurzum, ich kann mich, eines ausgenommen, nicht beklagen, und dieses eine ist das, daß der Jahre meines Mannes allzu viele sind im Vergleiche zu meinen, weswegen ich in dem, woran die jungen Frauen ihr Hauptvergnügen finden, wenig befriedigt werde: da ich es aber ebenso begehre wie die andern, habe ich mir seit geraumer Zeit vorgenommen, wenn mir schon das Glück nicht gar freundlich gewesen ist, daß es mir einen so alten Mann gegeben hat, wenigstens nicht so sehr meine eigene Feindin sein zu wollen, daß ich kein Mittel zu finden wüßte, um mir meine Lust und mein Heil zu verschaffen; und um diese Wünsche in demselben Maße

wie die andern erfüllt zu sehn, habe ich den Entschluß gefaßt, daß ihnen unser Pyrrhus als der würdigste von allen durch seine Umarmungen abhelfen soll, und habe ihm meine Liebe so sehr zugewandt, daß ich mich nicht mehr wohl fühle, wenn ich ihn nicht sehe oder an ihn denke: und wenn ich nicht ohne Säumnis mit ihm beisammen sein kann, so glaube ich wahrlich, daß ich sterben werde. Wenn dir darum etwas an meinem Leben liegt, so mache ihm auf die Weise, die du für die beste hältst, meine Liebe kund und bitte ihn in meinem Namen, daß es ihm gefallen möge, zu mir zu kommen, wann du um ihn gehn wirst.« Die Kammerfrau sagte, das werde sie gerne tun; und als ihr zum ersten Male Zeit und Gelegenheit paßten, nahm sie Pyrrhus beiseite und richtete ihm die Botschaft ihrer Herrin so gut, wie es ihr nur möglich war, aus. Als das Pyrrhus hörte, verwunderte er sich baß, weil er nie etwas bemerkt hatte, und hegte Argwohn, ob ihm das die Dame nicht sagen lasse, um ihn zu versuchen; darum antwortete er augenblicklich in barscher Weise: »Ich kann nicht glauben, Lusca, daß diese Worte von meiner Herrin kämen, und darum sieh dich vor, was du sagst; und kommen sie wirklich von ihr, so glaube ich nicht, daß sie sie ernst meine, wenn sie dich das sagen läßt, und meint sie sie wirklich ernst, so erweist mir mein Herr mehr Ehre, als ich verdiente: nicht um mein Leben würde ich ihm eine solche Schmach antun; und darum sieh dich vor, daß du nie mehr von derlei Dingen zu mir sprichst.« Lusca ließ sich durch seine strengen Worte nicht abschrecken, sondern sagte zu ihm: »Sowohl von diesen Dingen, Pyrrhus, als auch von allem andern, was mir meine Herrin je auftragen wird, werde ich so oft zu dir sprechen, wie sie mir befehlen wird, ob dir das nun lieb oder leid sein wird; aber du bist ein Esel.« Und etwas aufgebracht kehrte sie mit dieser Antwort zu der Dame zurück, und die hatte, als sie sie hörte, nur den Wunsch zu sterben; aber nach etlichen Tagen sprach sie wieder mit der Kammerfrau und sagte zu ihr: »Du weißt, Lusca, kein Baum fällt auf den ersten Streich: darum meine ich, du gehst noch einmal zu ihm, der zu meinem Schaden auf ganz unerhörte Art Treue üben will; du wirst eine schickliche Gelegenheit ergreifen und ihm meine ganze Glut offenbaren, und trachte, es durchaus dazu zu bringen, daß aus der Sache etwas wird: denn wollte ich jetzt von meinem Vorhaben abstehn, so würde ich sterben müssen, und er würde glauben, er sei zum besten gehalten worden; und wo wir uns um seine Liebe bemühn, würde sein Haß das Ende sein.«

Die Kammerfrau tröstete die Dame und suchte Pyrrhus auf; sie fand ihn heiter und gut aufgelegt und sagte zu ihm: »Vor ein paar Tagen, Pyrrhus, habe ich dir zu wissen gemacht, in was für einem Feuer sich deine und meine Herrin um der Liebe willen verzehrt, die sie zu dir trägt, und heute wiederhole ich dir's noch einmal, damit du, wenn du auf der Härte, die du letzthin dargetan hast, bestehst, sicher sein kannst, daß sie nicht mehr lange leben wird: darum bitte ich dich, gib dich doch darein, ihre Sehnsucht zu stillen; und beharrst du trotzdem bei deinem Starrsinn, so werde ich dich, den ich bis jetzt für einen sehr gescheiten Menschen gehalten habe, für einen Dummkopf halten. Was für eine Ehre müßte es für dich sein, daß dich eine solche Dame, so schön und so vornehm, über alles liebt? Und dann, wie müßtest du dich dem Glücke verpflichtet fühlen, wenn du bedenkst, daß es dir eine Gabe zugedacht hat, die nicht nur den Wünschen deiner Jugend entspricht, sondern auch für dich eine Zuflucht bedeutet bei allem, was du brauchst? Wen kennst du denn deinesgleichen, der es auf eine so vergnügliche Art besser hätte, als du es haben könntest, wenn du gescheit wärest? Wen wirst du denn finden, der, was Waffen, Pferde, Kleider und Geld betrifft, so gut daran wäre, wie du es sein könntest, wenn du ihr deine Liebe gewähren wolltest? Öffne also dein Herz meinen Worten und komme wieder zu dir: erinnere dich, daß das Glück dem Menschen nur ein einziges Mal und nicht öfter mit heiterm Antlitz und offenem Schoße entgegentritt; wer es da nicht zu empfangen weiß, hat sich später, wenn er sich arm und als Bettler findet, nur über sich und nicht über das Glück zu beklagen. Und überdies gilt es, zwischen Dienern und Herren nicht dieselbe Treue zu üben, wie sie unter Freunden und unter Verwandten am Platze ist, vielmehr sollen die Diener dort, wo sie es können, ihre Herren ebenso behandeln, wie sie von ihnen behandelt werden. Denkst du, daß dir Nicostratus, wenn du eine schöne Frau oder Mutter oder Tochter oder Schwester hättest, die ihm gefiele, dieselbe Treue halten würde, die du ihm an seiner Frau gewähren willst? Ein Narr bist du, wenn du das glaubst: du kannst sicher sein, daß er, wenn er durch Schmeicheleien und Bitten nichts ausrichten könnte, Gewalt gegen sie anwenden würde, was immer du dazu sagtest. Behandeln wir sie und das Ihrige also, wie sie uns und das Unsrige behandeln. Brauche die Gabe des Glücks: stoß es nicht weg von dir, geh ihm entgegen und nimm es auf, wenn es zu dir kommt; denn wahrlich, tust du das nicht, so wird es dich, abgesehn davon, daß daraus unfehlbar der Tod deiner Herrin erfolgen würde, noch so reuen, daß du dir selber den Tod wünschen wirst.« Pyrrhus, der mehrmals über die frühern Worte Luscas nachgedacht hatte, war zu dem Entschlusse gekommen, ihr, wenn sie wieder zu ihm kommen werde, eine andere Antwort zu geben und sich willig in die Wünsche der Dame zu schicken, wenn ihm die beweisen könne, daß es sich ihr nicht darum handle, ihn in Versuchung zu führen; und darum antwortete er ihr: »Schau, Lusca, ich erkenne ja an, daß das, was du mir sagst, wahr ist; aber ich kenne auch wieder meinen Herrn als einen gar klugen und umsichtigen Mann, und weil er alle seine Geschäfte in meine Hand legt, so fürchte ich sehr, daß das Lydia auf seinen Rat oder

Wunsch tue, um mich zu versuchen: will sie darum, um mir darin Klarheit zu schaffen, drei Dinge tun, die ich verlangen werde, so wird sie mir wahrhaftig nie mehr etwas befehlen, was ich nicht auf der Stelle täte. Und die drei Dinge, die ich will, sind die: erstens, daß sie in Gegenwart von Nicostratus seinen besten Sperber tötet, dann, daß sie mir ein Büschel Haare aus dem Bart von Nicostratus schickt, und schließlich will ich noch einen Zahn von ihm, einen von seinen besten.« Diese Dinge schienen der Kammerfrau hart und der Dame noch härter; aber Amor, der der beste Tröster und der trefflichste Berater ist, gab Lydia den Entschluß ein, alles zu tun, und sie ließ Pyrrhus durch Lusca sagen, daß sie das, was er verlangt habe, treulich tun werde, und bald; überdies werde sie sich, weil er Nicostratus für gar so klug halte, in dessen Gegenwart mit ihm ergötzen und Nicostratus weismachen, daß es nicht wahr sei. Pyrrhus begann also zu warten, was die Dame tun werde. Als Nicostratus wenige Tage darauf, wie er öfter zu tun pflegte, einigen Edelleuten ein großes Essen gab, verließ die Dame, nachdem die Tische weggenommen worden waren, in grünen Samt gekleidet und reich geschmückt, ihr Gemach, trat in den Saal, wo die Gäste waren, und ging, so daß es Pyrrhus und alle andern sahen, zu der Stange, auf der der Sperber saß, den Nicostratus also wert hielt, machte ihn los, als ob sie ihn hätte auf ihre Hand heben wollen, packte ihn bei den Würfeln und schlug ihn an die Wand und tötete ihn. Und als ihr Nicostratus zurief: »O weh, Frau, was hast du da getan?« antwortete sie ihm: »Nichts!« Dann wandte sie sich zu den Edelleuten, die mit ihm gespeist hatten, und sagte: »Wie sähe wohl, meine Herren, die Rache aus, die ich an einem König nähme, der mich beleidigt hätte, wenn ich nicht so viel Herz hätte, sie an einem Sperber zu nehmen? Ihr müßt wissen, daß mich dieser Vogel seit langem um all die Zeit gebracht hat, die die Männer der Freude ihrer Frauen widmen sollten; denn kaum ist das Morgenrot am Himmel, so steht Nicostratus auf, steigt zu Pferde und reitet mit dem Sperber ins Gefild hinaus, um ihn fliegen zu sehn, und ich, wie ihr mich hier seht, darf mißvergnügt allein im Bette bleiben: darum habe ich schon oft die Absicht gehabt, zu tun, was ich getan habe, und ich habe es aus keinem andern Grunde aufgeschoben, als um es in Gegenwart von Männern zu tun, die mir in meiner Beschwerde gerechte Richter sein würden, wie ich von euch erhoffe.« Die Edelleute, die das hörten, glaubten, ihre Neigung zu Nicostratus sei nicht anders beschaffen, als ihre Worte lauteten, wandten sich daher allesamt lachend zu Nicostratus, der arg erbost war, und sagten: »Ganz recht hat die Dame getan, ihre Unbill durch den Tod des Sperbers zu rächen!« Und mit verschiedenen kurzweiligen Reden, die sie, als die Edeldame schon wieder in ihr Gemach zurückgekehrt war, über den Vorfall führten, verwandelten sie den Ärger ihres Gatten in Lachen. Pyrrhus aber hatte, als er das gesehn hatte, bei sich selber gesagt: ›Einen hohen Anfang hat die Dame meine glückselige Liebe nehmen lassen: Gott gebe, daß sie so verharre.‹ Nachdem also Lydia den Sperber getötet hatte, waren nicht viele Tage verstrichen, als sie Nicostratus, mit dem sie in ihrem Gemache beisammen war, unter Liebkosungen zu necken anfing; und als er sie im Scherze ein wenig an den Haaren zog, nahm sie die Gelegenheit wahr, um das zweite, was Pyrrhus von ihr verlangt hatte, auszuführen; geschwind faßte sie ein Löckchen seines Bartes und riß lächelnd so fest daran, daß sie es ihm völlig aus dem Kinn raufte. Da Nicostratus darüber unwillig ward, sagte sie: »Was hast du denn, daß du so ein Gesicht machst? Weil ich dir etwa sechs Haare aus dem Barte gezogen habe? Dir hat das nicht so weh getan wie eben erst mir, als du mich an den Haaren gezogen hast.« Ein Wort gab das andere bei dieser Unterhaltung, aber die Dame verlor kein Auge von dem Haarbüschel, das sie ihm ausgerissen hatte; und noch an demselben Tage schickte sie es ihrem teuern Geliebten. Das dritte gab der Dame mehr zu denken: aber bei ihrem scharfen Geiste, den Amor noch mehr schärfte, hatte sie bald einen Weg gefunden, den sie einschlagen wollte, um auch das zu vollbringen. Nicostratus hatte in seinem Hause zwei Knaben, die ihm von ihren Vätern übergeben worden waren, damit sie, weil sie edler Abkunft waren, adeliges Wesen lernten, und der eine schnitt vor, wenn Nicostratus aß, und der andere machte den Mundschenken; die beiden ließ sie rufen, redete ihnen ein, daß sie aus dem Munde röchen, und unterwies sie, wenn sie Nicostratus bedienten, den Kopf möglichst zurückzuhalten, aber davon niemand etwas zu sagen. Die Knaben, die ihr glaubten, begannen die Weise einzuhalten, die sie ihnen angegeben hatte. Darum fragte die Dame eines Tages Nicostratus: »Ist dir nicht aufgefallen, wie die Knaben tun, wenn sie dich bedienen?« Nicostratus sagte: »Freilich; ich habe sie schon fragen wollen, warum sie so tun.« Und die Dame sagte zu ihm: »Tu das nicht, ich kann es dir selber sagen und habe es dir die ganze Zeit her nur deswegen nicht gesagt, um dich nicht zu ärgern; jetzt aber sehe ich, daß es auch andere zu merken anfangen, und darum darf ich es dir nicht länger mehr verheimlichen. Das geschieht dir wegen nichts anderem, als weil du stark aus dem Munde riechst, und ich verstehe den Grund davon nicht, weil es doch sonst nicht so zu sein pflegte; und das ist etwas gar Widerwärtiges, wo du mit Edelleuten zu verkehren hast, und darum heißt es zusehn, wie ihm abzuhelfen ist.« Nun sagte Nicostratus:

»Woher könnte das kommen? Sollte ich einen schlechten Zahn haben?« Und Lydia sagte zu ihm: »Vielleicht ist es so.« Und sie führte ihn zum Fenster, ließ ihn den Mund öffnen und sagte, nachdem sie auf der einen Seite und auf der andern nachgesehn hatte: »Aber Nicostratus, wie hast du das so lange aushalten können? Auf der Seite hast du einen, der ist, soviel ich sehn kann, nicht nur schadhaft, sondern ganz und gar verfault, und wenn du ihn noch länger im Munde behältst, so wird er dir auch die daneben verderben; darum möchte ich dir raten, tu ihn heraus, bevor es ärger wird.« Nun sagte Nicostratus: »Da du so meinst, ist es auch mir recht; schicke unverzüglich um einen Meister, der mir ihn ausbreche.« Und die Dame sagte zu ihm: »Gott bewahre, daß deshalb ein Meister kommen sollte; mich dünkt, er steht so, daß ich ihn dir selber ohne Meister ganz leicht ausbrechen werde. Dann gehn auch diese Meister dabei so roh um, daß ich's nicht übers Herz brächte, dich in den Händen eines von ihnen zu sehn oder zu wissen: ich will's also auf jeden Fall selber tun; ich werde wenigstens, wenn es dir zu weh tun sollte, augenblicklich aufhören, was der Meister nicht täte.« Sie ließ also die nötigen Werkzeuge bringen und schickte alle, Lusca ausgenommen, die sie bei sich behielt, aus dem Gemache; dann schlossen sie es ab und hießen Nicostratus, sich auf einer Bank auszustrecken, und nun fuhr ihm die eine, während ihn die andere festhielt, mit der Zange in den Mund, faßte einen von seinen Zähnen und riß ihm ihn, obwohl er vor Schmerz laut schrie, mit einem kräftigen Ruck heraus; den versteckten sie rasch und nahmen einen andern, einen garstig angefaulten, den Lydia in Bereitschaft gehalten hatte, und zeigten ihn dem gepeinigten und halbtoten Manne, wobei Lydia sagte: »Da schau, was du so lange in deinem Munde gehabt hast.« Er glaubte es und hielt sich nun, wo der Zahn draußen war, trotz des wütenden Schmerzes, den er ausgestanden hatte, und trotz seines Jammerns für geheilt; und nachdem er mit allerhand Tränklein gelabt worden war, ging er, als der Schmerz etwas nachgelassen hatte, aus dem Gemache. Die Dame nahm den Zahn und schickte ihn alsbald ihrem Geliebten, und der erklärte sich, nunmehr von ihrer Liebe überzeugt, für bereit, jedem ihrer Wünsche nachzukommen. Obwohl der Dame bis zu ihrer Vereinigung mit ihm jede Stunde so lang wie tausend vorkam, verlangte sie doch danach, ihm noch eine größere Sicherheit zu geben, und wollte ihm auch das noch halten, was sie versprochen hatte; darum stellte sie sich krank, und als sie eines Tages nach dem Essen von Nicostratus besucht wurde und niemand sonst bei ihm sah als Pyrrhus, so bat sie ihren Mann, er möge ihr mit Pyrrhus helfen, zur Linderung ihres Leidens in den Garten zu gehn. Daher faßte sie Nicostratus an der einen Seite und Pyrrhus an der andern und trugen sie so in den Garten und setzten sie auf einem Rasenfleckchen am Fuße eines hübschen Birnbaums nieder: Nachdem sie dort ein Weilchen gesessen hatten, sagte die Dame zu Pyrrhus, den sie schon früher unterwiesen hatte, was er zu tun habe: »Pyrrhus, ich habe ein großes Verlangen nach ein paar von diesen Birnen; steig also hinauf und wirf etliche herunter.« Pyrrhus stieg sofort auf den Baum und begann Birnen herabzuwerfen; und unter dem Werfen begann er folgendermaßen: »Aber Herr, was treibt Ihr denn? Und Ihr, Herrin, schämt Ihr Euch nicht, so etwas in meiner Gegenwart zu leiden? Glaubt Ihr, ich sei blind? Eben noch waret Ihr so schwer krank: wie seid Ihr denn so rasch genesen, daß Ihr derlei Sachen macht? Und wenn Ihr sie schon machen wollt, so habt Ihr doch so viele schöne Gemächer; warum geht Ihr denn nicht ins Haus? Das wäre viel anständiger, als es so in meiner Gegenwart zu machen.« Die Dame wandte sich zu ihrem Gatten und sagte: »Was sagt Pyrrhus? Redet er irre?« Nun sagte Pyrrhus: »Ich rede nicht irre, nein; glaubt Ihr denn, ich sähe es nicht?« Nicostratus war baß erstaunt und sagte: »Pyrrhus, ich glaube wahrlich, du träumst.« Und Pyrrhus antwortete ihm: »Herr, ich träume auch nicht ein bißchen, Ihr träumt ja auch nicht: vielmehr rührt Ihr Euch so weidlich, daß, wenn sich der Birnbaum ebenso rührte, nicht eine einzige Birne oben bliebe.« Nun sagte die Dame: »Was mag das sein? Könnte es wirklich so sein, daß er das wirklich zu sehn glaubt, was er sagt? So wahr mir Gott helfe, wäre ich so gesund, wie ich einmal war, ich stiege hinauf, um zu sehn, was das für Wunder sind, die er sehn will.« Pyrrhus auf dem Birnbaume ließ nicht ab von seinen Reden; endlich sagte Nicostratus zu ihm: »Steig herunter«, und das tat er. Nun sagte Nicostratus: »Was sagst du also, das du gesehn hast?« Pyrrhus sagte: »Ich glaube, Ihr haltet dafür, ich sei närrisch oder redete im Schlafe: ich habe Euch, wenn ich es denn sagen muß, auf Eurer Frau gesehn; und als ich dann heruntergestiegen bin, habe ich gesehn, wie Ihr Euch erhoben und Euch dorthin gesetzt habt, wo Ihr jetzt seid.« – »Wahrhaftig«, sagte Nicostratus, »du bist nicht recht gescheit; denn seitdem du auf den Baum gestiegen bist, haben wir uns in keiner Weise gerührt außer so, wie du siehst.« Und Pyrrhus sagte zu ihm: »Warum streiten wir darüber? Ich habe Euch gesehn, und habe ich Euch gesehn, so habe ich Euch auf dem Eurigen gesehn.« Nicostratus wunderte sich immer mehr, bis er endlich sagte: »Ich will doch sehn, ob der Baum verzaubert ist und ob wirklich, wer oben ist, diese Wunder sieht«; und er stieg hinauf. Als er oben war, begannen sich die Dame und Pyrrhus miteinander zu ergötzen; als das Nicostratus sah, begann er zu schreien: »O du schlechtes Weib, was tust du denn? Und du, Pyrrhus, auf den ich so viel vertraut habe!« Und mit diesen Worten begann er vom Baume herunterzusteigen. Die Dame und Pyrrhus sagten: »Wir sitzen hier«; und als sie ihn heruntersteigen sahen, setzten sie sich wieder so hin, wie er sie verlassen hatte. Kaum war Nicostratus herunten, so begann er ihnen, die dort saßen, wo er sie verlassen hatte, Beschimpfungen zu sagen. Aber Pyrrhus sagte zu ihm: »Nicostratus, nun gestehe ich es in Wahrheit, daß ich, wie Ihr vorhin gesagt habt, falsch gesehn habe, solange ich auf dem Baume war, und das erkenne ich aus nichts anderm, als weil ich sehe und weiß, daß auch Ihr falsch gesehn habt. Und daß ich die Wahrheit sage, dafür braucht Ihr keinen andern Beweis, als daß Ihr berücksichtigt und bedenkt, ob sich Eure Frau, die doch weit ehrbarer und klüger ist als jegliche andere, wenn sie Euch eine solche Schande antun wollte, dazu hergeben würde, es vor Euern Augen zu tun; von mir will ich nicht erst sprechen, der ich mich lieber vierteilen ließe, als daß ich nur daran dächte, geschweige denn wirklich daran ginge, so etwas in Eurer Gegenwart zu tun. Die Ursache dieser Gesichtstäuschung muß wahrhaftig in dem Baume liegen; denn daß Ihr hier fleischlich bei Eurer Frau gelegen hättet, das hätte ich mir von der ganzen Welt nicht ausreden lassen, wenn ich nicht Euch hätte sagen hören, es habe Euch geschienen, daß ich etwas getan hätte, woran ich, das weiß ich sicherlich, nie gedacht habe, geschweige denn, daß ich es jemals getan hätte.« Nun stand die Dame, die ganz verstört tat, auf und begann: »Daß dich Gott strafe, wenn du mir so wenig Verstand zutraust, daß ich, wenn ich schon derlei liederliche Streiche im Sinne hätte, wie du sagst, daß du sie gesehn habest, nichts Besseres wüßte, als sie vor deinen Augen zu verüben. Darüber kannst du ruhig sein: wenn mich die Lust danach ankäme, hierher käme ich nicht, sondern ich hielte dafür, es würde mir schon in einem von unsern Gemächern auf eine Art und Weise gelingen, daß es mich wundernehmen sollte, wenn du es je erführest.« Nicostratus, dem das richtig zu sein schien, was eins wie das andere gesagt hatte, nämlich daß sie sich hier vor ihm niemals einer solchen Handlung unterstanden hätten, ließ von seinen Reden und Vorwürfen ab und begann von der Seltsamkeit des Ereignisses zu sprechen und von dem Wunder, daß sich dem, der auf den Baum steige, das Gesicht verkehre. Aber die Dame, die sich über die Meinung, die Nicostratus von ihr gezeigt hatte, aufgebracht stellte, sagte: »Wahrlich, wenn es auf mich ankommt, so soll dieser Baum keiner Frau mehr, weder mir noch einer andern, so eine Schande antun; lauf also, Pyrrhus, und bring ein Beil und räche zugleich dich und mich, indem du ihn umhaust, obwohl es viel besser wäre, das Beil Nicostratus vor den Kopf zu schlagen, weil er sich ohne jegliche Überlegung so rasch hat die Augen des Geistes verblenden lassen: denn wäre auch das, was du sagst, denen, die du im Kopfe hast, so vorgekommen, so hättest du doch nie und nimmer mit dem Urteile deines Verstandes nachfolgen oder es als tatsächlich annehmen dürfen.« Pyrrhus ging augenblicklich um das Beil und hieb den Birnbaum um; und als ihn die Dame liegen sah, sagte sie zu Nicostratus: »Jetzt, wo ich den

Widersacher meiner Ehrbarkeit gefällt sehe, ist auch mein Zorn verschwunden«; und da Nicostratus sie um Verzeihung bat, gewährte sie sie ihm gütig, indem sie ihn ermahnte, er solle es sich nie wieder beikommen lassen, ihr, die ihn mehr als sich selbst liebe, so etwas zuzumuten. So kehrte denn der arme gefoppte Gatte mit ihr und ihrem Liebhaber ins Haus zurück, und dort fanden nachher Pyrrhus an Lydia und sie an ihm zu often Malen mit größerer Gemächlichkeit Freuden und Wonnen. Gott möge auch uns also gnädig sein.

Die Geschichte von der sonderbaren Nonnenhaube

In der Lombardei war ein durch seine Heiligkeit und Frömmigkeit wohlberufenes Kloster, unter dessen Nonnen ein junges Mädchen aus edlem Blute und begabt mit wundersamer Schönheit war, Isabetta mit Namen, und die verliebte sich, als sie eines Tages zu einem Vetter von ihr ans Sprechgitter kam, in einen hübschen jungen Mann, der mit ihm war. Und ebenso entbrannte er für sie, da er ihre Schönheit sah und ihr Begehren in ihren Augen gelesen hatte; und nicht ohne große Pein schmachteten sie beide lange Zeit in dieser Liebe, ohne ihre Frucht zu genießen. Endlich entdeckte der junge Mann bei dem beiderseitigen Verlangen einen Weg, wie er ganz heimlich zu seiner Nonne kommen konnte, und sie war es zufrieden, und so besuchte er sie nicht einmal, sondern oftmals zu beider größtem Vergnügen. Derweil das aber so fortging, geschah es eines Nachts, daß ihn, ohne daß er oder Isabetta sich dessen versehen hätte, eine Klosterfrau bemerkte, als er Isabetta verließ und wegging. Die Klosterfrau teilte es noch einigen mit. Zuerst ging deren Plan dahin, sie bei der Äbtissin zu verklagen, die Madonna Usimbalda hieß und nach der Meinung der Klosterfrauen und aller, die sie kannten, eine gute, heilige Dame war; dann aber verfielen sie auf den Gedanken, Isabetta von der Äbtissin mit dem Jüngling überraschen zu lassen, damit kein Leugnen möglich sei. Und also schweigend, teilten sie sich in die Vigilien und Wachen, um Isabetta zu ertappen. Nun geschah es, daß sie, die dessen keine Acht hatte und auch nichts davon wußte, ihn eines Nachts kommen ließ. Sofort wurden das die, die darauf lauerten, gewahr. Als es sie, nachdem ein hübsches Stück der Nacht verstrichen war, an der Zeit deuchte, teilten sie sich in zwei Hälften: die einen stellten sich vor die Tür von Isabettas Zelle auf die Wache, während die anderen eilends zur Kammer der Äbtissin gingen; und als die auf ihr Klopfen antwortete, sagten sie zu ihr: »Auf, Madonna, erhebt Euch rasch, wir haben bemerkt, daß

Isabetta einen jungen Mann in ihrer Zelle hat.« Diese Nacht leistete der Äbtissin ein Priester Gesellschaft, den sie sich zu often Malen in einer Truhe bringen ließ. Da sie nun, als sie dies hörte, fürchtete, die Nonnen könnten in allzu großer Eile oder aus allzu

großem Eifer durch ihr Pochen die Tür gar aufsprengen, erhob sie sich hurtig und kleidete sich, so gut es im Finstern ging, an; dabei kamen ihr, anstatt daß sie, wie sie meinte, das faltige Kopftuch, das sie tragen und das sie Weiel nennen, genommen hätte, die Hosen des Priesters in die Hände, und so groß war ihre Hast, daß sie sich die statt des Weiels aufs Haupt warf. Und dann trat sie heraus, verschloß die Tür hinter sich und sagte: »Wo ist diese Gottvermaledeite?« Und sie kam mit den anderen, die so hitzig und begierig waren, Isabetta auf der Tat zu ertappen, daß sie gar nicht merkten, was die Äbtissin auf dem Haupte hatte, zur Tür der Zelle und brach sie mit Hilfe der anderen auf; und als sie eingetreten waren, fanden sie die beiden Liebenden umschlungen im Bett, und die wußten vor Bestürzung über diese Überraschung nicht, was tun, und blieben, wie sie waren. Unverzüglich wurde das Mädchen von den Nonnen ergriffen und auf Befehl der Äbtissin ins Kapitel gebracht. Der junge Mann blieb zurück; er kleidete sich an und wartete den Ausgang der Sache ab, mit der Absicht, wenn sie ihr etwas zuleide täten, allen, soviel er ihrer habhaft werden könnte, übel mitzuspielen und seine Geliebte mit sich zu nehmen. Die Äbtissin begann ihr, nachdem sie ihren Sitz im Kapitel eingenommen hatte, vor allen Nonnen, die nur auf die Schuldige blickten, die größten Schmähungen zu sagen, die je einem Weibe gesagt worden sind, daß sie die Heiligkeit, die Ehrbarkeit und den guten Leumund des Klosters durch ihr liederliches und schändliches Treiben, wenn es draußen bekannt werde, befleckt habe, und fügte zu diesen Schmähungen die schwersten Drohungen. Beschämt und furchtsam wegen ihrer Schuld, wußte das Mädchen nicht, was antworten, und durch ihr Schweigen gewann sie sich das Mitleid der anderen; als aber die Äbtissin ihr Ungestüm verdoppelte, hob das Mädchen von ungefähr das Gesicht und sah nun, was die Äbtissin auf dem Kopfe hatte und daß ihr die Hosenbänder rechts und links herunterhingen. Sofort merkte sie, was los war, und sagte ganz getrost: »Madonna, so Euch Gott helfe, bindet Euch doch erst die Haube, und dann sagt mir, was Ihr wollt.« Die Äbtissin, die sie nicht verstand, sagte: »Was Haube, schlechtes Weib? Du hast noch den Mut, Possen zu treiben? Glaubst du, daß nach dem, was du getan, Possen am Platze sind?« Nun sagte das Mädchen zum andern Male: »Madonna, ich bitte Euch, bindet Euch die Haube, und dann sagt mir, was Euch beliebt.« Darum hoben viele Nonnen den Blick zum Kopf der Äbtissin, und während sie ebenso hinaufgriff, wurde sie inne, warum Isabetta so sprach. Als die Äbtissin jetzt einsah, daß ihr der gleiche Fehler vorgeworfen wurde, und sah, daß es alle gesehen hatten und kein Verbergen möglich war, änderte sie ihre Predigt und begann in einem anderen Ton als früher zu sprechen und kam zu dem Schluß, es sei unmöglich, sich des Stachels des Fleisches zu erwehren; und darum sagte sie, jede solle sich's in aller Stille, wie es bisher geübt worden sei, nach Möglichkeit gut geschehen lassen. Und nachdem sie das Mädchen ledig gesprochen hatte, ging sie zu ihrem Priester schlafen und Isabetta zu ihrem Geliebten. Und Isabetta ließ ihn fürderhin, allen, die ihr neidisch waren, zum Trotz, oftmals kommen. Die anderen, die ohne Geliebten waren, versuchten ihr Glück heimlich nach besten Kräften.

Zu dieser Ausgabe

insel taschenbuch 2383: Der vorliegende Band ist textidentisch mit der 1996 als Insel-Clip 22 erschienenen Ausgabe: Giovanni di Boccaccio, Erotische Geschichten. Ausgewählt aus dem Dekameron. Übertragen von Albert Wesselski
Umschlagabbildung: François Clonet, Diane de Poitiers, um 1570.

Das schöne insel taschenbuch in großer Schrift

it 2323

Isabel Allende
Das Geisterhaus
it 2341

Isabel Allende
Wenn du an mein Herz
rührtest
it 2362

Isabel Allende
Eine Rache
it 2377

Elizabeth von Arnim
Elizabeth und ihr
Garten
it 2338

Elizabeth von Arnim
Verzauberter April
it 2346

it 2361

Das schöne insel taschenbuch in großer Schrift

it 2363

Elizabeth von Arnim
Alle meine Hunde
it 2369

Elizabeth von Arnim
Einsamer Sommer
it 2375

Jane Austen
Verstand und Gefühl
it 2365

it 2371

Emily Brontë
Die Sturmhöhe
it 2348

Hans Carossa
Eine Kindheit
it 2345

Gilbert Keith Chesterton
Die schönsten Pater-Brown-Geschichten
it 2332

Das schöne insel taschenbuch in großer Schrift

Fjodor Michailowitsch
Dostojewski
Helle Nächte
it 2328

Fjodor Michailowitsch
Dostojewski
Der Spieler
it 2350

it 2314

Theodor Fontane
Effi Briest
it 2340

Max Frisch
Homo faber
it 2344

Frohe Ostern
it 2372

it 2359